Beiträge zur Wirtschaftsinformatik

Band 1: Lore Alkier
**Zukunftsweisende Konzepte
für die EDV-Ausbildung**
1992, VIII / 207 Seiten, Brosch. DM 75,-
ISBN 3-7908-0568-8

Band 2: Ulrich Ludwig Küsters
**Entwicklung von regelbasierten
Expertensystemen in APL2**
1992, VIII/238 Seiten, Brosch. DM 79,-
ISBN 3-7908-0589-0

Band 3: Rolf J. N. Hildebrand
**Betriebswirtschaftliche Schwachstellen-
diagnosen im Fertigungsbereich mit
wissensbasierten Systemen**
1992, X/163 Seiten, Brosch. DM 65,-
ISBN 3-7908-0594-7

Band 4: Gerhard Walpoth
**Computergestützte
Informationsbedarfsanalyse**
1993, X/233 Seiten, Brosch. DM 75,-
ISBN 3-7908-0648-X

Band 5: Gerhard A. Kainz
**Computergestütze
Distribuierung von Informations-
und Kommunikationssystemen**
1993, XII/241 Seiten, Brosch. DM 85,-
ISBN 3-7908-0664-1

Band 6: Dieter Steinmann
**Einsatzmöglichkeiten von
Expertensystemen in integrierten
Systemen der Produktionsplanung
und -steuerung (PPS)**
1993, XI/217 Seiten, Brosch. DM 78,-
ISBN 3-7908-0665-X

Band 7: Johannes Walther
**Rechnergestützte Qualitätssicherung
und CIM**
1993, X/281 Seiten, Brosch. DM 90,-
ISBN 3-7908-0684-6

Band 8: Otto Petrovic
**Workgroup Computing –
Computergestützte Teamarbeit**
1993, XVI/272 Seiten, Brosch. DM 90,-
ISBN 3-7908-0705-2

Gustaf Neumann

Datenmodellierung mit deduktiven Techniken

Mit 51 Abbildungen

Physica-Verlag

Ein Unternehmen des
Springer-Verlags

Reihenherausgeber
Werner A. Müller
Peter Schuster

Autor
Dr. Gustaf Neumann
Wirtschaftsuniversität Wien
Augasse 2-6
A-1090 Wien, Österreich

ISBN-13: 978-3-7908-0717-2   e-ISBN-13: 978-3-642-46945-9
DOI: 10.1007/978-3-642-46945-9

Die Deutsche Bibliothek – CIP-Einheitsaufnahme
Neumann, Gustaf:
Datenmodellierung mit deduktiven Techniken / Gustaf
Neumann. – Heidelberg : Physica-Verl., 1994
(Beiträge zur Wirtschaftsinformatik; Bd. 9)

NE: GT

Inhaltsverzeichnis

Kapitel 1

Einleitung und Problemstellung

Die Betriebswirtschaftslehre und die Informatik sind heute eng miteinander verwoben. Durch Arbeiten wie beispielsweise *„EDV-orientierte Betriebswirtschaftslehre"* von A.W. Scheer [Sch90] wird die Bedeutung der Rechnerunterstützung von Geschäftsprozessen und die gegenseitige Beeinflussung und Integration der genannten Wissenschaftsdisziplinen deutlich gemacht. Die Wichtigkeit der EDV für kaufmännische Aufgabenstellungen wird auch dadurch unterstrichen, daß dieses Fach an fast allen deutschsprachigen Universitäten zur Pflicht im Grundstudium der Wirtschaftswissenschaften geworden ist. Darüber hinaus wird Wirtschaftsinformatik als Spezielle Betriebswirtschaftslehre oder als eigene Studienrichtung im Rahmen eines sozial- und wirtschaftswissenschaftlichen Studiums an derzeit 64 deutschen wissenschaftlichen Hochschulen, fünf österreichischen und sechs schweizer Universitäten angeboten [WI92]. Auch klassische Lehrbücher der Betriebswirtschaftslehre widmen dem *„Produktionsfaktor Information"* breiten Raum[1], das Informationsmanagement wird als zentrale Institution vorgeschlagen [PR91].

---

[1]In der 9. Auflage von E. Heinens *„Industriebetriebslehre"* [Hei91] sind dies z.B. mehr als 150 Seiten.

In betrieblichen Anwendungsbereichen werden EDV-technische Lösungen nach zwei sich ergänzenden Verwendungsmustern eingesetzt:

1. Als Automatisierungswerkzeug zur Unterstützung der alltäglichen Arbeit und

2. als zentrales Repositorium für ein Abbild betrieblicher Abläufe und Zusammenhänge mit gestalterischer Wirkung, das zusätzliche betriebswirtschaftliche Möglichkeiten eröffnet.

Der EDV-Einsatz nach dem ersten Verwendungsmuster zielt auf Verbesserungen am individuellen Arbeitsplatz durch Büroautomationstechniken ab, wobei hier meist Arbeitsplatzrechner mit Programmen für die Textverarbeitung, Textkommunikation, Tabellenkalkulation, Netzplantechnik, Erstellung von Präsentationsunterlagen und Graphiken, u.ä. eingesetzt werden. Bei der Büroautomation steht der Werkzeugcharakter der EDV-Lösung im Vordergrund, durch den die individuelle Effizienz und Effektivität[2] erhöht werden sollen.

Das zweite Einsatzmuster zielt auf unternehmensweite Informationssysteme ab und begründet eine noch viel stärkere Verflechtung zwischen Betriebswirtschaftslehre und Informatik. Scheer [Sch90, S. 2] streicht hierbei folgende Aspekte besonders hervor:

- *„Die EDV ermöglicht den Einsatz von rechen- und datenintensiven betriebswirtschaftlichen Planungstechniken und damit die Einführung organisatorischer Abläufe, die ohne EDV-Einsatz unwirtschaftlich oder undurchführbar wären.*

- *Die wirtschaftlichen Vorteile des EDV-Einsatzes können nur dann sinnvoll genutzt werden, wenn für ihren Einsatz geeignete betriebswirtschaftliche Anwendungskonzepte vorliegen.*

---

[2]Sassone [Sas87] beschreibt die Begriffe der Effizienz *„doing the things right"* und Effektivität *„doing the right things"* sehr anschaulich (zitiert nach [Pön88]).

> - *EDV-Anwendungsprogramme bestimmen zuneh-*
>   *mend wesentliche betriebswirtschaftliche Abläufe*
>   *in Unternehmungen."*

Werden betriebliche Abläufe und Strukturen durch EDV-Syste-
me unterstützt, so bedeutet dies, daß dadurch potentiell ein weit
größerer Daten-Pool zur Nutzung für die betriebliche Planung und
Steuerung vorliegt. In der betrieblichen Anwendungssoftware und
in deren Daten wird ein hoher Anteil an betriebswirtschaftlichem
Fachwissen abgebildet und (mehr oder minder explizit) dokumen-
tiert.

1.1 Ein Informationssystem als Repräsentation ei-
nes Unternehmens

Ein gesamtbetriebliches Informationssystem spiegelt die betriebswirtschaftlichen Zusammenhänge und Abläufe eines Unternehmens wider und ist somit eine Form der Wissensrepräsentation,
wobei das Wissen allerdings meist in impliziter Form vorliegt.
Dieses Wissen kann jedoch ohne Abhängigkeit von Fach-Know-
how-Trägern beliebig reproduziert und angewendet werden. Das
EDV-System wird zum primären Auskunftsträger über das Be-
triebsgeschehen.

Gleichzeitig tritt allerdings auch der Gestaltungsaspekt von betrieblichen Informationssystemen hervor. Veränderungen an betrieblichen Strukturen oder Abläufen bedingen auch Veränderungen des Informationssystems, verursachen somit zusätzliche Ko-
sten, sind nur langsamer umsetzbar und reduzieren die Adapti-
onsfähigkeit an neue Gegebenheiten. Die Einführung von Stan-
dardanwendungssoftware für die betrieblichen Funktionsbereiche
(wie beispielsweise die Standardanwendungssoftwarepakete R/2
und R/3 von SAP) bedingt einen (manchmal ungewollten) Know-
how-Import und Veränderungen an vielfach bewährten betrieblichen Gegebenheiten. Dabei ergibt sich auch oft die Gelegenheit, die
betroffenen Abläufe und Unternehmensstrukturen zu überdenken

und zu verändern. Durch die Bereitstellung von betriebswirtschaftlichen Lösungen in (Standard-)Anwendungsprogrammsystemen, die von einem Anwender nicht eingesehen oder verändert werden können, werden betriebliche Anwender in ihren Handlungs- und Planungsalternativen vielfach eingeschränkt.

Das Dilemma beim Einsatz von EDV-gestützten Informationssystemen ist, daß einerseits dadurch die betriebliche Effizienz erhöht und die Informationsinfrastruktur verbessert wird (wodurch der Informationssystemeinsatz praktisch unabdingbar wird), daß aber dadurch andererseits gleichzeitig auch die Adaptionskosten bei der Anpassung an neue Gegebenheiten erhöht werden. Der EDV-Einsatz ist dabei vielfach ein Faktum und steht außer Zweifel, der Durchdringungsgrad des Informationssystems und die für die Entwicklung und Wartung eingesetzten Methoden stehen zur Diskussion.

Die klassische Anwendungsprogrammentwicklung mit Hilfe von Drittgenerationssprachen wird häufig als Problem angesehen. Lee [Lee83] beispielsweise führt die hohen Adaptionskosten im Software-Bereich auf die inadäquaten und inflexiblen Methoden der Software-Entwicklung zurück, die vielfach im Hinblick auf algorithmische Probleme entworfen wurden und für Informationssysteme in einem Unternehmen mit einem wechselnden Umfeld ungeeignet sind. Lee schlägt zur Erhöhung der Flexibilität den verstärkten Einsatz von wissensbasierten Systemen und logischer Programmierung vor.

Die Ursachen für die Adaptionsnotwendigkeiten werden einerseits durch eine dynamischere Umwelt (innerbetrieblich wie zwischenbetrieblich) begründet, zum anderen werden laufend die Anforderungen an betriebliche Informationssysteme erhöht, um die Komplexität des Anwendungsbereichs besser zu beherrschen. Österle, Brenner und Hilbers [ÖBH91] betonen, daß zu diesem Zweck in existierenden Informationssystemen die Granularität der Daten, also deren Detaillierungsgrad stetig zunimmt.

Aus den skizzierten Anforderungen an den Informationssystembereich ergibt sich die Notwendigkeit einer evolutionären Informationssystementwicklung (vgl. [GF88]), wobei die individuelle

Programmierarbeit möglichst in den Hintergrund treten und die Anwendungsentwicklung auf möglichst automatisierte Weise erfolgen soll. In dieser Arbeit wird ein Ansatz zur Erhöhung der Umsetzungseffizienz von einer exakten Sachbeschreibung in ein einsatzfähiges Anwendungssystem vorgestellt.

1.2 Integrationsaspekte von betrieblichen Informationssystemen

Der Gedanke der Integration betrieblicher Funktionsbereiche mit Hilfe von rechnergestützten Informationssystemen hat in der deutschsprachigen Literatur eine lange Tradition. Das Kölner Integrationsmodell [Gro74] war der Vorreiter auf dem Gebiet unternehmensweiter Informationssystemmodelle. Im Rahmen dieses Konzeptes wurde gleichzeitig eine bis dahin unerprobte Darstellungsmethodik angewendet und ein weiter betrieblicher Anwendungsbereich (ein industrielles Unternehmen) aufgearbeitet. Zur Umsetzung fehlten jedoch damals die nötigen Rechnerressourcen, die Datenbanktechnologie steckte zu diesem Zeitpunkt noch in ihren Kinderschuhen.

Die Diskussion, ob die Erstellung von unternehmensweiten Informationssystemmodellen durchführbar ist, bzw. bis zu welchem Detaillierungsgrad diese ausgearbeitet werden sollen, steht auch heute weiterhin zur Diskussion. Österle, Brenner und Hilbers schlagen in [ÖBH91] beispielsweise einen pragmatischen Ansatz zur Bildung von funktionsbereichsspezifischen Anwendungsmodellen vor, die dann schrittweise zu größeren Integrationseinheiten zusammengefaßt werden, um Synergieeffekte ausnutzen zu können. Dabei ist die vollständige, unternehmensweite Integration nicht unbedingt erforderlich, in manchen Fällen auch nicht sinnvoll. Die betrieblichen Fachbereiche sollen möglichst stark in die Informationssystementwicklung eingebunden werden, die Informationssystementwickler und die Anwender sollen möglichst nahe zusammenkommen. Durch diesen Ansatz werden gleichzeitig Aspekte der Dezentralisierung betont.

Mertens [Mer91] verwendet die Formel

$$\frac{Unternehmensdatenmodell \; + \; Unternehmensfunktionsmodell}{Unternehmensmodell}$$

zur Definition eines betrieblichen Integrationsmodells, wobei diese Modelle je nach ihrem Geltungsbereich weiter oder enger gefaßt werden können.

1.3   Betriebliche Datenmodelle

Wir werden uns in der weiteren Arbeit in erster Linie mit unterschiedlichen Ansätzen und Problembereichen von Datenmodellen beschäftigen. Die zentrale Komponente betrieblicher Informationssysteme ist eine gemeinsame Datenbasis, eine Datenbank, in der die geschäftsrelevanten Datenstrukturen mehreren Programmsystemen zugänglich gemacht werden (vgl. Abbildung 1.1).

Die gemeinsame Datenbank besitzt integrative Wirkung. Die Inhalte und Strukturen der in der Datenbank abgelegten Information bestimmen letztendlich den Umfang und die Genauigkeit, mit der die auf der Datenbank operierenden Anwendungsprogramme Ergebnisse liefern können. Scheer hält dazu beispielsweise in [Sch90, S. 7] fest:

> *„Der Datenbasis kommt eine herausragende Bedeutung zu, weil die in einer Unternehmung zentral oder dezentral gespeicherten Daten mit ihren Strukturbeziehungen die Auswertungsmöglichkeiten durch Anwendungsprogramme und freie Abfragesprachen bestimmen."*

Nach dem ANSI-SPARC-3-Schichtenkonzept werden folgende Teilaspekte bei der Entwicklung von datenbankbasierten Anwendungssystemen unterschieden (vgl. Abbildung 1.2):

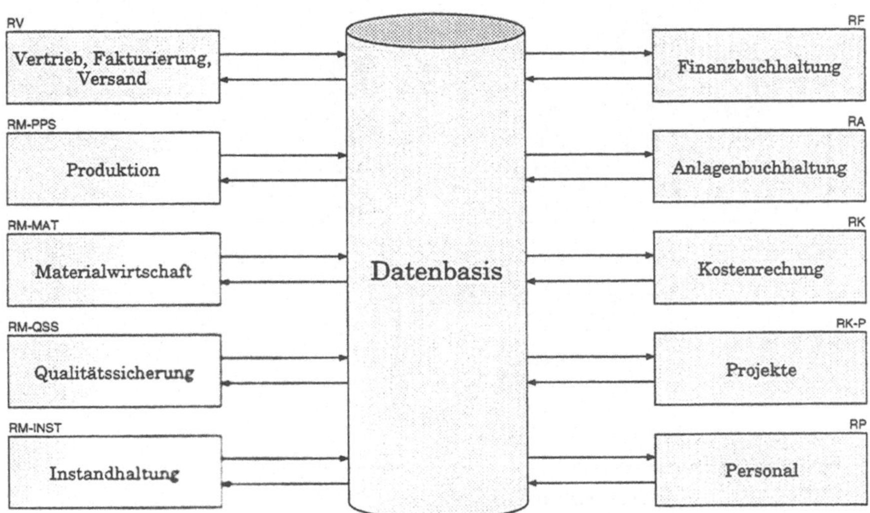

Abbildung 1.1: Integration betrieblicher Informationssystemkomponenten durch eine gemeinsame Datenbasis, dargestellt am Beispiel des SAP-Systems R/2

Auf *externer* Ebene werden die Sichten der Anwender bzw. für einzelne Problemstellungen relevante Ausschnitte eines Datenbanksystems beschrieben. Auf *konzeptioneller* Ebene werden für den von der Datenbank abzudeckenden Realitätsausschnitt (engl.: miniworld, universe of discourse) die relevanten Begriffe mit ihren sachlogischen und strukturellen Zusammenhängen in sog. *konzeptionellen Modellen* beschrieben. Auf Ebene des *internen* Schemas wird die Umsetzung auf ein konkretes Datenmodell (beispielsweise auf ein relationales Datenmodell oder ein Netzwerkdatenmodell) behandelt, die physische Ebene deckt die internen Problemstellungen des Datenbankverwaltungssystems (wie beispielsweise Wahl von Zugriffsalgorithmen, Speicherplatzoptimierung etc.) und des realen Rechners ab.

Von den genannten drei Problemstellungen ist für diese Arbeit das konzeptionelle Modell am wichtigsten. Das konzeptionelle Modell definiert die Informationsbasis [NH89] des Anwendungs-

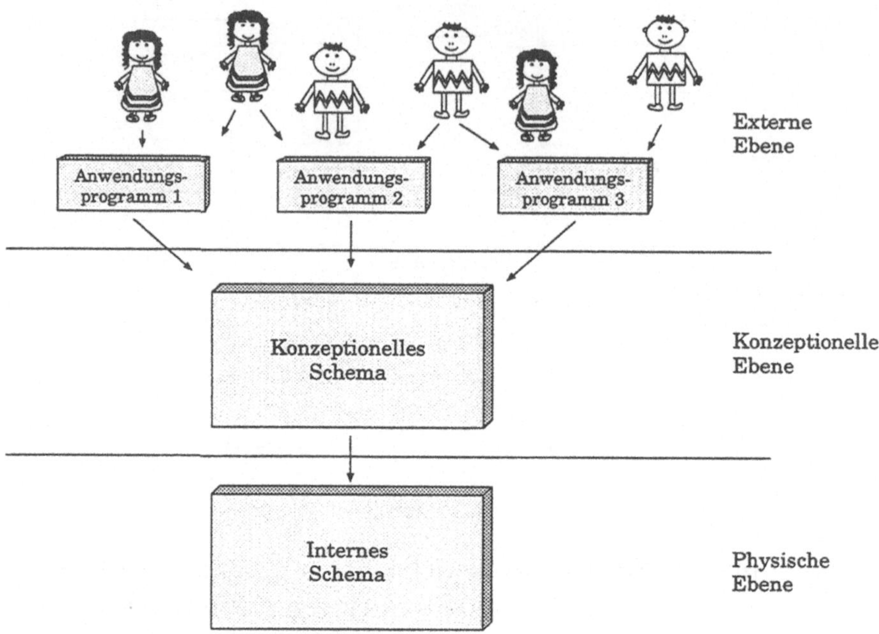

Abbildung 1.2: ANSI-SPARC-3-Schichtenkonzept

bereichs in einer Form, die *„von allen Benutzern akzeptiert werden kann"* [VRT82, S. 26]. Bei der Formulierung des konzeptionellen Modells wird das für die Datenbank relevante Anwendungswissen eingebracht (vgl. [Sch90]). Das konzeptionelle Modell wird in einer meist graphisch orientierten formalen Sprache formuliert. Ist das Anwendungswissen in der Repräsentation des konzeptionellen Modells exakt genug formuliert, so kann es durch formale Transformationen in ein konkretes Datenmodell umgewandelt werden, ohne daß der fachliche Gehalt verloren geht. Auf diese Problematik werden wir in späteren Teilen dieser Arbeit noch genauer eingehen.

Die Methoden zur Beschreibung des konzeptionellen Modells, also der sachlogischen Anwendungszusammenhänge, sind anwendungsseitig weitgehend akzeptiert. Die verbreitetsten Methoden orientieren sich an Chens Entity-Relationship-Modell [Che76]. Auch Arbeiten aus betrieblichen Kernfunktionsbereichen bedienen sich dieser Methoden zur Beschreibung der sachlogischen Zusammenhänge. McCarthy [McC79, McC82] beschreibt beispielsweise die Funktionsweise des REA-Modells für das Rechnungswesen anhand von Entity-Relationship-Modellen.

Wie in der Folge gezeigt wird, existieren für die konzeptionelle Datenmodellierung eine Vielzahl von Varianten einzelner Methoden mit oft unterschiedlichen Notationen, wobei die Bedeutung ihrer Konstruktionselemente und ihres Zusammenspiels oft unklar definiert ist oder nur aus Beispielen von Anwendungsfällen rekonstruiert werden kann.

1.4 Zielsetzung dieser Arbeit

In dieser Arbeit wird ein durchgängiger Ansatz vorgestellt, wie konzeptionelle Datenmodellierungssprachen durch ein einheitliches Schema spezifiziert werden können. Es können dabei unterschiedliche Datenmodellierungssprachen und unterschiedliche graphische Notationen zum Einsatz gelangen. Aus der Spezifikation einer Datenmodellierungssprache und aus konzeptionellen Anwendungsmodellen werden Anwendungsabhängigkeiten abgeleitet, die in späteren Schritten eingesetzt werden. Die Anwendungsabhängigkeiten können zur Konsistenzprüfung oder zur Erzeugung von relationalen Datenbankschemata für den Produktionseinsatz verwendet werden. Mit Hilfe der Anwendungsabhängigkeiten kann ein Anwendungsmodellierer weiters Abfragen über die modellierten Zusammenhänge des Anwendungsbereichs stellen und Vergleiche von konzeptionellen Anwendungsmodellen durchführen (vgl. Abbildung 1.3).

Das entwickelte System basiert auf einem deduktiven Ansatz. Die Spezifikation erfolgt in allgemeinen, abstrakten Abhängigkeiten, aus denen für einzelne Anwendungsfälle über ein Regelsystem Anwendungsabhängigkeiten abgeleitet werden. Aus den abgeleiteten Abhängigkeiten können – wie zuvor angeführt – beispielsweise ohne Benutzerinteraktion SQL-Tabellenerzeugungsanweisungen für unterschiedliche Datenmodellierungsverfahren abgeleitet werden, oder Aussagen über die Konsistenz von Testdaten oder Aus-

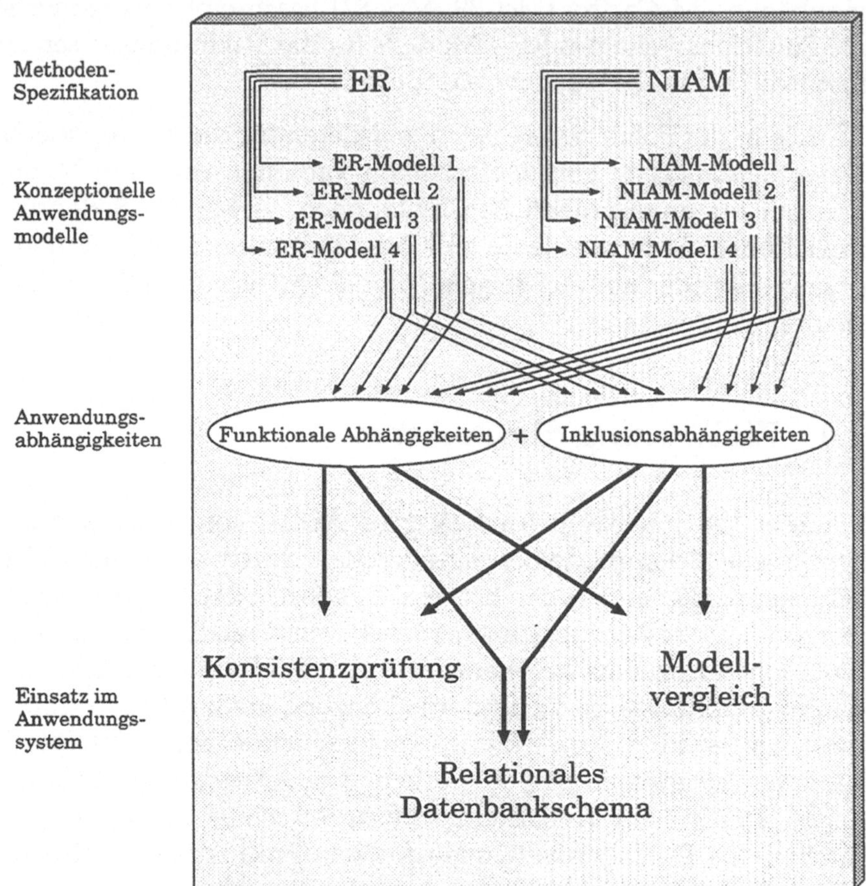

Abbildung 1.3: Verwendung der abgeleiteten Abhängigkeiten

sagen über die Äquivalenz von konzeptionellen Modellen in einer deduktiven Weise ermittelt werden. Die Implementierung des Systems erfolgte in einer logik-basierten deduktiven Programmiersprache (Prolog).

Der Einsatz von deduktiven Techniken für die konzeptionelle Datenmodellierung ist in der Literatur erst in verhältnismäßig wenigen Arbeiten behandelt. Dart und Zobel folgten in [DZ88] ebenso wie diese Arbeit einem deduktiven Ansatz, behandeln allerdings eine eigens entwickelte konzeptionelle Datenmodellierungsmethode (LOCS), für die die Semantik mit Hilfe der Prädikatenlogik erster Ordnung festgelegt wird. Die Methode LOCS hat in der heutigen Praxis eine geringe Bedeutung. Das System in [DZ88] wurde mit Blickrichtung auf deduktive Datenbanksysteme entwickelt. Kehrer und Neumann definierten in [KN92b] eine ausführbare Spezifikation einer verbreiteten konzeptionellen Datenmodellierungsmethode (dem erweiterten Entity-Relationship-Modell) in einem deduktiven Datenbanksystem (Syllog), wobei die Spezifikation auf explizit herausgearbeiteten funktionalen Abhängigkeiten und Inklusionsabhängigkeiten beruht.

In dieser Arbeit wird noch einen Schritt weiter abstrahiert, indem ein Rahmenwerk für die Spezifikation von unterschiedlichen Datenmodellierungsmethoden geschaffen wird. Es wird hier eine Spezifikationssprache vorgestellt, mit Hilfe derer sog. *abstrakte Abhängigkeiten* zwischen den Konstruktionselementen einer Datenmodellierungsmethode definiert werden können. Mit Hilfe dieser abstrakten Abhängigkeiten werden hier konzeptionelle Datenmodellierungsverfahren wie beispielsweise das erweiterte Entity-Relationship-Modell (EER, nach [EN89]) oder Nijssens Information Analysis Methodology (NIAM, siehe [NH89]) spezifiziert. Die in der Spezifikation verwendeten abstrakten Abhängigkeiten sind ausschließlich funktionale Abhängigkeiten [Cod70] und Inklusionsabhängigkeiten [CFP84].

Aus der abstrakten Methodenspezifikation lassen sich für Methodeninstanzen (z.B. ein konkretes Anwendungs-EER-Modell) konkrete funktionale Abhängigkeiten und Inklusionsabhängigkeiten (Anwendungsabhängigkeiten) ableiten, die beispielsweise zur Konsistenzüberprüfung (Kapitel 4), zur Ableitung von relationalen Schemata (Kapitel 5) oder zum Modellvergleich (Kapitel 6) herangezogen werden können (vgl. Abbildung 1.3 auf Seite 10).

Die abstrakten Abhängigkeiten sind ein Instrument zum Methodenentwurf und bestimmen, welche Anwendungsabhängigkeiten aus konkreten konzeptionellen Modellen abgeleitet werden können. Aus der Sicht eines Anwendungsmodells bilden sie eine Metawissensbasis. Bergamaschi et al. beschreiben in [BB*88] einen Ansatz, in dem aus einer Wissensbasis, die in der Form eines Vererbungsnetzwerks vorliegt, erweiterte Entity-Relationship-Modelle abgeleitet werden. In der vorliegenden Arbeit werden keine konzeptionellen Modelle aus anderen Wissensrepräsentationen abgeleitet, sondern aus dem Metawissen ausschließlich die Bedeutung der Konstruktionselemente der verwendeten Datenmodellierungsmethode ermittelt.

In deduktiven Datenbanksystemen ist es durch den hier vorgestellten Ansatz möglich, das Metawissen über die Modellierungsmethode, konkrete Anwendungsmodelle, Testdaten für die Applikation und optimierte relationale Schemata in einem einheitlichen, gemeinsamen System zu nutzen, in dem auch Konsistenzbedingungen spezifiziert und geprüft werden können. Es war Ziel dieser Arbeit, dies in einem möglichst deklarativen Stil zu bewerkstelligen. Heute existente deduktive Datenbanksysteme wie beispielsweise Syllog [WMSW90] sind auf Datalog beschränkt und erlauben keine Funktionssymbole in logischen Formeln (vgl. [Ull88, CGT90]). Die abstrakten Abhängigkeiten, die zur Methodenspezifikation eingesetzt werden, verwenden allerdings Funktionssymbole, da diese eine weit kompaktere und leichter verständliche Notation erlauben. In der Sprache LDL [NT89], die Funktionssymbole unterstützt, könnte die gleiche Notation verwendet werden, allerdings wären dort die algorithmischen Komponenten dieser Arbeit (wie beispielsweise der Normalisierungsalgorithmus) aufwendiger zu implementieren. Die gesamte Implementierung erfolgte deshalb in der Programmiersprache Prolog, die weit verbreitet ist, für die effiziente Implementierungen existieren, und die die deklarative Programmierung zwar nicht erzwingt, aber doch unterstützt.

Durch die Rückführung der Datenmodellierungsmethoden auf funktionale Abhängigkeiten und Inklusionsabhängigkeiten wird folgendes erreicht:

- *Durch die abgeleiteten Abhängigkeiten wird die Semantik der Modellierungsverfahren exakt festgelegt:*

  Es wird heute weitgehend als Manko angesehen, daß z.B. für die Entity-Relationship-Methode die Bedeutung einzelner ER-

Konstrukte in Lehrbüchern meist nur beispielhaft beschrieben wird und daß von unterschiedlichen Autoren zahlreiche in Bedeutung und Symbolik abweichende ER-Varianten propagiert werden (vgl. [Che76, Teo90, EN89, Bar89, Tha92]). Codd formuliert dieses Problem sehr drastisch [Cod90, S. 477]:

> *„The entity relationship model . . . is clearly the winner in terms of its lack of precise definitions, lack of clear level of abstraction and lack of mental discipline. The popularity of ER may lie in its multitude of interpretations . . . "*

- *Zur Prüfung der Datenkonsistenz und zur Ableitung von relationalen Schemata können (unabhängig vom Modellierungsverfahren) dieselben Algorithmen eingesetzt werden, die auf den abgeleiteten Abhängigkeiten basieren:*

In der gängigen Praxis werden heute hierfür methodenspezifische Verfahren eingesetzt. Beispiele für Verfahren zur Erzeugung von relationalen Schemata aus ER- bzw. EER-Modellen sind [JNS83, TYF86, EN89, MS92]. Gerade zur Ableitung von relationalen Schemata aus funktionalen (und z.T. mehrwertigen) Abhängigkeiten sind in der Literatur zahlreiche Algorithmen bekannt (vgl. [Lel88]), die entweder auf der Synthese von Abhängigkeiten (z.B. [BB76]) oder auf der Dekomposition der universellen Relation (z.B. [Lie81]) beruhen. In dieser Arbeit wird im Kapitel 5 der Synthese-Algorithmus von Beeri und Bernstein [BB76] angewendet, der ausschließlich auf funktionalen Abhängigkeiten basiert. Inklusionsabhängigkeiten beeinflussen die Normalisierung nicht (vgl. [Ull88]).

- *Das Instrumentarium des formalen relationalen Datenbankdesigns kann für die konzeptionelle Datenmodellierung genutzt werden:*

Die aus dem konzeptionellen Datenmodell abgeleiteten funktionalen Abhängigkeiten und Inklusionsabhängigkeiten sind wohl fundiert. So existieren z.B. für funktionale Abhängigkeiten die sog. „Armstrong-Axiome" [Arm74], aufgrund derer beispielsweise abgeleitet werden kann, ob in einem Datenmodell eine Menge von Attributen A von einer anderen Menge von Attributen B bestimmt werden kann (vgl. Abschnitt 2.1). Diese Ableitungsregeln werden durch den hier vorgestellten Ansatz auch für konzeptionelle Datenmodelle unmittelbar verwendbar. Es kann beispielsweise ermittelt werden, ob in einem gegebenen ER-Modell ein Attribut eine Rolle eindeutig bestimmt. Durch diesen Ansatz soll es Anwendern, die über unzureichendes formales Datenbankdesign- oder Logikwissen verfügen, erleichtert werden, formal exakte und sachlogisch korrekte Datenmodelle zu erstellen.

- *Die abgeleiteten Abhängigkeiten können zum Vergleich von Datenmodellen eingesetzt werden:*

  Das formale Datenbankdesign bietet Methoden an, aufgrund derer die Äquivalenz und der Einschluß von Abhängigkeiten geprüft werden kann (beispielsweise: jede Abhängigkeit des einen Modells ist aus dem anderen Modell ableitbar). Damit kann u.A. überprüft werden, ob die gesamte Semantik eines ER-Modells in einem anderen inkludiert ist. In gleicher Weise bilden die Abhängigkeiten eine Grundlage, Datenmodelle unterschiedlicher Methoden (z.B. Vergleich eines ER- und NIAM-Modells) zu vergleichen.

Die Arbeit ist wie folgt gegliedert: Im Kapitel 2 werden zunächst die Grundlagen von relationalen Datenbanken (soweit sie für diese Arbeit notwendig sind) zusammengefaßt. Im dritten Kapitel wird der Spezifikationsansatz vorgestellt und dann anhand der Beispiele der EER- und NIAM-Methode erläutert. Das vierte Kapitel behandelt die Datenprüfung in konzeptionellen Modellen, wobei als Grundlage der Prüfungsroutinen die aus der Methodenspezifikation und konkreten Anwendungsmodellen abgeleiteten konkreten Anwendungsabhängigkeiten eingesetzt werden. Im fünften Kapitel wird die automatische Ableitung von relationalen Schemata behandelt und anhand von 26 Beispielen demonstriert. Das abschließende Kapitel behandelt den Vergleich von konzeptionellen Modellen.

Kapitel 2

Grundlagen

Die Grundkonzepte der Datenmodellierung sind **Objekttypen** (die Namen der *„Dinge"* des Realitätsausschnitts, der beschrieben werden soll), **Attribute** (die Namen der beschreibenden Merkmale) und **Werte** (Ausprägungen der Attribute aus einem Wertebereich). Ein **Relationsschema** (oder kurz: eine Relation) wird durch eine Menge von Attributen gebildet.

Eine **Tabelle** ist eine Teilmenge des kartesischen Produkts der Werte des Relationsschemas, wobei (in Abweichung zur mathematischen Definition der Relation) die Anordnung der Attribute keine Rolle spielt (vgl. [VRT82]). Ein **Tupel** ist eine Kombination von Werten des Relationsschemas für die gegebenen Attribute, die Tabelle ist die Menge aller gleichartigen Tupel.

Das Wort *„Relation"* wird in der Literatur häufig gleichzeitig für die Struktur einer Tabelle (Intension) und für die Menge aller Tupel (Extension) verwendet. In dieser Arbeit wird der Begriff *„Relation"* in späteren Abschnitten noch weiter mit dem Begriff der Relation im Sinne des ER-Modells überladen. Aus diesem Grund wird hier *„Relation"* so weit wie möglich vermieden und *„Tabelle"* für die Menge der Tupel eines Relationsschemas verwendet.

Das relationale Datenmodell unterstützt nicht das Konzept der Identität. Zwei Objekttypen, die durch zwei wertgleiche Tupel be-

schrieben werden, werden als identisch angenommen.[1] In diesem
Punkt ist das relationale Datenmodell konträr zum objektorientier-
ten Datenmodell zu sehen, in dem die Objektexistenz und die Ob-
jektidentität völlig unabhängig von Attributausprägungen gesehen
werden (vgl. [PS89]).

Alle Relationsschemata einer Applikation werden auch als das
relationale Schema bezeichnet (vgl. [BB79]), alle Tabellen gemeinsam bilden die Datenbank[2].

Um semantikwidrige Tupel zu eliminieren, können Einschränkungen definiert werden. Für die Definition der Einschränkungen
ist jeweils Anwendungswissen relevant. Die Einschränkungen sind
entweder Werteinschränkungen, die den möglichen Wertebereich
von Attributen verkleinern (z.B. das Attribut *„Alter"* des Objekttyps *„Person"* sollte im Bereich zwischen 0 und 200 liegen) oder
Abhängigkeiten zwischen Attributen (bzw. Attributmengen). In
dieser Arbeit stehen Abhängigkeiten im Vordergrund. Die wichtigsten Abhängigkeiten sind funktionale Abhängigkeiten und Inklusionsabhängigkeiten. Zu diesen Abhängigkeiten existieren in
gebräuchlichen relationalen Datenbanksystemen Entsprechungen.
Funktionale Abhängigkeiten können durch Schlüssel dargestellt
werden, Inklusionsabhängigkeiten bestimmen die sog. referentielle
Integrität und werden durch Fremdschlüssel implementiert.

Sind in einer Datenbank alle Abhängigkeiten erfüllt, d.h. genü-

---

[1]Dieser Aussage muß allerdings kritisch gegenübergestellt werden, daß in den
heute meist verbreiteten SQL-basierten relationalen Datenbankimplementie-
rungen mehrere wertgleiche Tupel erlaubt sind, und daß der ANSI-SQL-
Standard auf dieses Problem nicht eingegangen ist. Codd bezeichnet dies
als schwersten Fehler und die Konsequenzen als verheerend (*„devastating"*)
[Cod90, S. 373]. Tabellen mit wertgleichen Tupeln werden von Codd *„corrup-
ted relations"* genannt.
Date kommentiert dieses Problem in [Dat87, S. 216] mit *„... The fact that SQL
permits duplicate rows should be regarded as another grave mistake of the
original design of the language"*. An anderer Stelle [DD92, S. 58] bezeichnet er
Tabellen, die wertgleiche Tupel enthalten können, als *„tuple-bags"*, diskutiert
die daraus entstehenden Probleme und skizziert, wie eine (heute nicht existente) tuple-bag-Algebra zur Definition der Semantik aufgebaut sein müßte.
[2]Wenn wir in dieser Arbeit von einer Datenbank sprechen, so ist damit jeweils
eine relationale Datenbank gemeint.

gen die Werte in der Datenbank den Abhängigkeitsregeln, so wird die Datenbank als konsistent bezeichnet.

2.1 Funktionale Abhängigkeiten

Funktionale Abhängigkeiten wurden bereits von Codd mit dem relationalen Datenbankmodell 1970 eingeführt [Cod70] und bilden die zentrale Rolle beim relationalen Datenbankdesign (z.B. in der Normalisierungstheorie). Funktionale Abhängigkeiten sind wie folgt definiert (vgl. [Mai83]):

Gegeben sei ein Relationsschema R mit der Attributmenge A, bestehend aus den Attributen $A_1 \ldots A_n$. X und Y sind Teilmengen von A, $T[A]$ ist eine Tabelle für R, wobei nur die Attribute A betrachtet werden. Eine funktionale Abhängigkeit

$$X \Rightarrow Y$$

bestimmt, daß für jedes Tupel t_1 und t_2 aus T gilt:

$$t_1[X] = t_2[X] \quad \rightarrow \quad t_1[Y] = t_2[Y]$$

Stimmen zwei Tupel t_1 und t_2 in den Attributen X überein, so müssen sie ebenfalls in den Attributen Y übereinstimmen, andernfalls ist die Abhängigkeit $X \Rightarrow Y$ verletzt. Die Attribute X bestimmen somit die Attribute Y in R. Um zu überprüfen, ob eine funktionale Abhängigkeit verletzt ist, werden von einer Tabelle mehrere Tupel herangezogen.

Eine Attributmenge $K \subseteq A$ ist ein Schlüssel für R, wenn die funktionale Abhängigkeit

$$K \Rightarrow A_1 \ldots A_n$$

gilt. Die Attribute K bestimmen alle Attribute des Relationsschemas R. K ist ein minimaler Schlüssel, wenn keine echte Teilmenge K' von K mit der gleichen Eigenschaft existiert.

Beispiel: Die funktionale Abhängigkeit

$$Mitarbeiter \Rightarrow Vorgesetzter$$

bedeutet, daß für jeden *Mitarbeiter* nur genau ein (unmittelbarer) Vorgesetzter existieren darf. Sind in einer Datenbank für einen *Mitarbeiter* mehrere *Vorgesetzte* eingetragen, so ist diese funktionale Abhängigkeit verletzt.

2.2 Inklusionsabhängigkeiten

Inklusionsabhängigkeiten sind vor allem zwischen Attributen unterschiedlicher Relationsschemata interessant. Eine Inklusionsabhängigkeit wird verwendet, um zu definieren, daß die Ausprägungen eines Attributs (einer Attributsequenz) in den Ausprägungen eines anderen Attributs (einer anderen Attributsequenz) enthalten sein müssen.

Gegeben seien Relationsschemata R und S und die Attributmenge A, bestehend aus den Attributen $A_1 \ldots A_n$. X und Y sind Attributsequenzen bestehend aus Attributen A_i mit der Einschränkung, daß $card(X) = card(Y)$ gilt (gleiche Zahl von Attributen). Eine Inklusionsabhängigkeit

$$R(X) \xrightarrow{inkl.} S(Y)$$

ist für die Tabellen T_r und T_s erfüllt, wenn für jedes Tupel t_r aus T_r ein Tupel t_s aus T_s existiert, wobei gilt:

$$t_r[X] = t_s[Y]$$

Die Menge aller Ausprägungen der Attributsequenz X in R ist somit eine Teilmenge der Werte der Ausprägungen der Attributsequenz Y in S. Ist

$$card(X) = card(Y) = 1$$

so spricht man von „unären" Inklusionsabhängigkeiten, ist die Kardinalität von X und Y jeweils 2, von „*binären*" Inklusionsabhängigkeiten, usw.

Bei Inklusionsabhängigkeiten mit $card(X) > 1$ ist zu beachten, daß X nicht als Attributmenge, sondern als Attributsequenz gesehen werden muß, da die Reihenfolge der Attribute relevant ist und Attribute wiederholt auftreten können.

Beispiel: Die Inklusionsabhängigkeit

$$Abteilungsleiter \xrightarrow{inkl} Angestellter$$

bedeutet, daß die Menge der *Abteilungsleiter* in der Menge der *Angestellten* enthalten sein muß; gibt es in einer Datenbank einen Eintrag für *Abteilungsleiter*, der nicht ebenfalls als Eintrag für *Angestellter* vorliegt, so ist die Inklusionsabhängigkeit verletzt.

In der Literatur werden Inklusionsabhängigkeiten $X \xrightarrow{inkl} Y$ meist in der Notation $X \subseteq Y$ angeführt. Dieses Symbol ist allerdings in Textpassagen, in denen auch das Teilmengensymbol verwendet wird, irreführend. Deshalb wurde hier das Symbol $\xrightarrow{inkl}$ verwendet.

Um zu überprüfen, ob eine Inklusionsabhängigkeit verletzt ist, müssen im allgemeinen Fall von mehreren Tabellen mehrere Tupel überprüft werden.

Eine Inklusionsabhängigkeit

$$R(X) \xrightarrow{inkl} S(K)$$

heißt schlüsselbasiert, wenn K ein Schlüssel für S ist. In diesem Fall wird X als *Fremdschlüssel* bezeichnet.[3]

Aus den Inklusionsabhängigkeiten der Form

$$X \xrightarrow{inkl} Y$$

kann ein gerichteter Inklusionsgraph abgeleitet werden, wobei jeweils zwischen X und Y eine Kante eingetragen wird. Sind in

---

[3]Diese hier verwendete Definition entspricht beispielsweise [EN89, S. 145] und [DD92, S. 234]. Mannila und Räihä definieren in [MR92, S. 91] Fremdschlüssel noch eingeschränkter, wobei $X = K$ gelten muß (in R und S müssen die Attribute von X enthalten sein).

dem so erzeugten Graphen Zyklen enthalten, so spricht man von
zyklischen Inklusionsabhängigkeiten, andernfalls von *azyklischen*.

Schlüsselbasierte Inklusionsabhängigkeiten dienen zur Gewährleistung der *referentiellen Integrität*. Die referentielle Integrität besagt, daß für alle Fremdschlüsselwerte, die ungleich null sind, Entsprechungen in den referenzierten Tabellen existieren müssen (vgl.
[DW90]). Wird beispielsweise in einem Personalverwaltungssy-
stem in einer „*Personalstammtabelle*" ein Eintrag entfernt (weil ein
Mitarbeiter die Firma verlassen hat), so müssen auch in sämtlichen
anderen Tabellen, die sich auf die Personaldaten beziehen, diese
Änderungen u.U. ebenfalls nachgezogen werden (der ausgeschiede-
ne Mitarbeiter wird beispielsweise von der Gehaltsliste gestrichen).
In diesem Fall existiert eine Inklusionsabhängigkeit zwischen Personalstammtabelle und Gehaltsliste, wobei die Gehaltsliste einen
Fremdschlüssel mit einem Verweis auf die Personalstammtabelle
besitzt.

Codd definiert die referentielle Integrität über den Begriff des
Wertebereichs (domain) [Cod90, S. 23]:

> „*Let D be a domain from which one or more primary
> keys draw their values. Let K be a foreign key, which
> draws its values from domain D. Every unmarked [non
> missing] value which occurs in K must also exist in the
> database as the value of the primary key on domain D
> of some base relation.*"

Dieser Definition liegt die Idee zugrunde, daß das referenzierende
Attribut und das referenzierte Attribut vom gleichen Wertebereich
und somit vom gleichen Typ sein müssen. Existiert ein Wert für
den Fremdschlüssel, der nicht aus dem Wertebereich der Schlüssel
stammt, so ist die referentielle Integrität verletzt. Codd ist ein Ver-
fechter der Idee, daß in relationalen Datenbankverwaltungssystemen Wertemengen explizit angegeben werden sollen und plädiert
ausführlich für eine eigene CREATE DOMAIN ... Anweisung.

Im ANSI-SQL-Standard [Ans89] werden derzeit von SQL nur
schlüsselbasierte Inklusionsabhängigkeiten unterstützt, wobei auch

Attributwiederholungen nicht erlaubt sind. Während die zweite Einschränkung (kein Attribut tritt wiederholt auf einer Seite einer Inklusionsabhängigkeit auf) für die konzeptionelle Datenmodellierung mit EER und NIAM keine Einschränkung bedeutet, ist die Beschränkung in SQL auf schlüsselbasierte Inklusionsabhängigkeiten schwerwiegend, da diese – wie in späteren Abschnitten ausgeführt – beispielsweise für die Implementierung einer vollständigen Partizipation benötigt werden.

Eine vollständige Unterstützung von Inklusionsabhängigkeiten findet sich in Postgres [SAH87] oder im Vorschlag von [GV89, S. 188]. Auch Codd beschreibt Unterstützung von allgemeinen Inklusionsabhängigkeiten in relationalen Datenbankverwaltungssystemen als erstrebenswert[4]. Es bleibt zu hoffen, daß der in Vorbereitung befindliche Normungsvorschlag für SQL3 Inklusionsabhängigkeiten berücksichtigt.

Im Kapitel 5 wird die Abbildung von konzeptionellen Modellen in relationale Schemata diskutiert, wobei die konkrete Syntax von SQL verwendet wird. Durch die angeführten Beschränkungen für die Behandlung von Inklusionsabhängigkeiten existieren folgende Alternativen:

1. Es können die Modellierungsmöglichkeiten in den konzeptionellen Modellen eingeschränkt werden, sodaß nur mehr Modelle mit rein schlüsselbasierten Inklusionsabhängigkeiten erstellt werden können (wie in [MR92] oder [MS92] beispielsweise durch Verzicht der Modellierung von vollständigen Partizipationen in Entity-Relationship-Modellen).

2. Bei der Abbildung von konzeptionellen Modellen in relationale Schemata werden die ausgedrückten Inklusionsabhängigkeiten nicht oder nur teilweise berücksichtigt (vor allem ältere Arbeiten wie beispielsweise [JNS83, TYF86, EN89] behandeln Inklusionsabhängigkeiten nicht im relationalen Schema).

---

[4]Codd schreibt in [Cod90, S. 26]: *„One would then like the DBMS to be designed in such a way as to provide reasonably uniform support for referential integrity and these additional (user-defined) inclusion constraints."*

3. Es wird eine Erweiterung der SQL-Notation vorgeschlagen.

In dieser Arbeit wurde die letztbeschriebene Alternative gewählt.
Es ist dazu eine einzige Spracherweitererung für SQL notwendig.
Die eingeführten SQL-Klauseln können für heute existente SQL-
Varianten deaktiviert werden und als Kommentar betrachtet werden, wobei allerdings die ausgedrückte Semantik bei Datenbank-
modifikationen vom Anwendungsprogramm berücksichtigt werden muß.

2.3   Inferenzregeln für Abhängigkeiten

Wie bereits oben erwähnt, sind für die Konsistenzbestimmung einer
Datenbank die Abhängigkeiten und die Daten relevant. Allerdings
lassen sich bereits allein aufgrund von Abhängigkeiten Aussagen
treffen, die ein relationales Schema näher bestimmen. Abhängigkeiten können andere Abhängigkeiten implizieren; sind einzelne
Abhängigkeiten bekannt, so lassen sich aus diesen durch Inferenzregeln weitere Abhängigkeiten ableiten. Weiters läßt sich aufgrund
dieser Inferenzregeln bestimmen, ob eine neue Abhängigkeit bereits
von den bekannten Abhängigkeiten subsumiert wird und somit keine neue Information enthält.

Dieses sogenannte Implikationsproblem ist im allgemeinen Fall
bei der Betrachtung von funktionalen Abhängigkeiten und Inklusionsabhängigkeiten unentscheidbar [CV85]. Werden die beiden
Typen von Abhängigkeiten getrennt behandelt oder erlaubt man
unäre Inklusionsabhängigkeiten gemeinsam mit funktionalen Abhängigkeiten, so existieren Ableitungsalgorithmen (siehe [Arm74,
BB79, CFP84]). Wir werden zunächst die Ableitungsregeln für funktionale Abhängigkeiten und Inklusionsabhängigkeiten getrennt behandeln.

2.3.1   Inferenzregeln für funktionale Abhängigkeiten

Gegeben sind funktionale Abhängigkeiten F, gesucht ist eine Definition, welche Abhängigkeiten $X \Rightarrow Y$ logische Konsequenz von F

sind

$$F \quad \models \quad X \Rightarrow Y$$

und weiters ein Inferenzalgorithmus, der möglichst effizient Abhängigkeiten ableitet:

$$F \quad \vdash \quad X \Rightarrow Y$$

Folgende Inferenzregeln (die sog. Armstrong-Axiome [Arm74, BB79]) gelten für funktionale Abhängigkeiten, wobei A wieder die Menge aller Attribute ist. F ist die Menge aller gegebenen funktionalen Abhängigkeiten.

1. *Reflexivität:*

   Ist $Y \subseteq X \subseteq A$, dann ist $X \Rightarrow Y$ eine Konsequenz. Diese Regel bestimmt triviale Abhängigkeiten, wobei die rechte Seite der Abhängigkeit jeweils in der linken inkludiert ist. Diese funktionalen Abhängigkeiten gelten unabhängig von weiteren Abhängigkeiten.

2. *Erweiterung:*

   Existiert eine Abhängigkeit $X \Rightarrow Y$ in F (oder ist $X \Rightarrow Y$ aus F ableitbar) und ist $Z \subseteq A$, dann folgt daraus $XZ \Rightarrow YZ$. XZ ist eine Kurzform für $X \cup Z$. Eine funktionale Abhängigkeit kann somit mit beliebigen Attributen auf beiden Seiten erweitert werden.

3. *Transitivität:*

   Existieren Abhängigkeiten $X \Rightarrow Y$ und $Y \Rightarrow Z$ in F (oder sind diese aus F ableitbar), so folgt daraus, daß auch die Abhängigkeit $X \Rightarrow Z$ gilt.

Armstrong hat gezeigt [Arm74], daß auf Basis dieser drei Ableitungsregeln ein korrektes (es wird keine Abhängigkeit abgeleitet, die nicht logische Konsequenz ist) und vollständiges (alle Konsequenzen können abgeleitet werden) Axiomensystem für funktionale Abhängigkeiten ableitbar ist. Die Menge aller Abhängigkeiten, die von F impliziert wird, bezeichnet man als **funktionale Hülle** F^+ [VRT82] (engl.: closure of functional dependencies).

Um festzustellen, ob $X \Rightarrow Y$ von F impliziert wird (das sog. Membership-Problem für funktionale Abhängigkeiten), kann man die funktionale Hülle berechnen, und überprüfen, ob $X \Rightarrow Y \in F^+$ ist. Allerdings wächst die Zahl der Elemente in F^+ exponentiell mit der Zahl der Attribute, wodurch dieser Ansatz praktisch nicht einsetzbar ist.

[BB76] zeigten, daß für das Membership-Problem eine weit effizientere Lösung besteht, indem ausgehend von einer Menge von Attributen X berechnet wird, welche Attribute X^+ abhängig von F bestimmt werden.

$$X^+ = \{A \mid F \models X \Rightarrow A\}$$

X^+ wird auch als Menge der *determinierten* Attribute bezeichnet (engl.: attribut closure). Um zu überprüfen, ob

$$F \quad \models \quad X \Rightarrow Y$$

genügt es, X^+ zu berechnen, und zu prüfen, ob

$$Y \subseteq X^+$$

gilt. Für die Ermittlung von X^+ sind Algorithmen bekannt, deren Laufzeit zu der Zahl der Attribute und funktionalen Abhängigkeiten proportional ist [BB79].

Folgender Fixpunktalgorithmus berechnet für eine Menge von Attributen X und die funktionalen Abhängigkeiten F die determinierten Attribute X^+ (vgl. [Ull88]):

1. $M^{(0)} = X$.

2. $M^{(i)} = M^{(i-1)}$ vereinigt mit den aus F und $M^{(i-1)}$ ableitbaren Attributen Y, wobei die Vereinigung der Attribute herangezogen wird, für die gilt, daß $(X \Rightarrow Y) \in F$ und $X \subseteq M^{(i-1)}$.

Ist nach n Schritten $M^{(n)}$ gleich $M^{(n-1)}$ – es konnten also keine neuen Attribute aus $M^{(n-1)}$ und F abgeleitet werden – so ist der minimale Fixpunkt ermittelt, und $X^+ = M^{(n)}$.

2.3.2 Inferenzregeln für Inklusionsabhängigkeiten

Gegeben sind Inklusionsabhängigkeiten I, gesucht ist eine Definition, welche Abhängigkeiten $X \xrightarrow{inkl} Y$ aus I ableitbar sind

$$I \quad \models \quad X \xrightarrow{inkl} Y$$

Folgende Ableitungsregeln gelten für Inklusionsabhängigkeiten im allgemeinen Fall. A ist wiederum die Menge aller Attribute, I ist die Menge aller Inklusionsabhängigkeiten. Bei Inklusionsabhängigkeiten mit mehr als einem Attribut ist – zum Unterschied zu den funktionalen Abhängigkeiten – die Reihenfolge der Attribute von Bedeutung. Die Semantik wird üblicherweise nicht durch Mengen von Attributen, sondern durch Sequenzen von Attributen definiert [Mit83a, Mit83b, CFP84]. Eine Inklusionsabhängigkeit $a_1, a_2 \xrightarrow{inkl} b_1, b_2$, wobei a_i und b_i Attribute aus A sind, ist nicht unbedingt gleich einer Inklusionsabhängigkeit $a_1, a_2 \xrightarrow{inkl} b_2, b_1$. Weiters kann in einer Sequenz von Attributen ein Attribut wiederholt auftreten.

Die nachfolgenden Inferenzregeln für Inklusionsabhängigkeiten stammen von [CFP84]:

1. *Reflexivität:*

   Für jede Sequenz X von Attributen aus A gilt: $X \xrightarrow{inkl} X$. Ähnlich der Reflexivitätsregel für funktionale Abhängigkeiten werden durch diese Regel die trivialen Abhängigkeiten abgedeckt.

2. *Projektion und Permutation:*

   Aus einer Abhängigkeit $a_1 \cdots a_n \xrightarrow{inkl} b_1 \cdots b_n$ folgen Abhängigkeiten der Form $a_i \cdots a_k \xrightarrow{inkl} b_i \cdots b_k$, wobei $i \cdots k$ Sequenzen von Indizes aus dem Bereich $1 \cdots n$ sind. Durch diese Regel wird beispielsweise definiert, daß aus einer Abhängigkeit $a\,b\,c \xrightarrow{inkl} d\,e\,f$ die Inklusionsabhängigkeit $a\,c \xrightarrow{inkl} d\,f$ folgt.

3. *Transitivität:*

Aus einer Abhängigkeit $X \xrightarrow{inkl} Y$ und einer Abhängigkeit $Y \xrightarrow{inkl} Z$ folgt $X \xrightarrow{inkl} Z$, wobei X, Y und Z wiederum Sequenzen von Attributen aus A sind. Aus den Abhängigkeiten $a \xrightarrow{inkl} b$ und $b \xrightarrow{inkl} c$ folgt beispielsweise $a \xrightarrow{inkl} c$.

Für den wichtigen Fall von unären Inklusionsabhängigkeiten, wobei in den Inklusionsabhängigkeiten keine Sequenzen von Attributen, sondern nur ausschließlich Attribute auftreten, ist die Inferenzregel für Projektion und Permutation irrelevant.

2.3.3 Inferenzregeln für funktionale Abhängigkeiten und Inklusionsabhängigkeiten

In der Literatur ist es hinreichend bekannt, daß das allgemeine Implikationsproblem bei gleichzeitiger Behandlung von funktionalen Abhängigkeiten und Inklusionsabhängigkeiten unentscheidbar ist [CV85, MR92]. Für unsere Arbeit sind in erster Linie Inferenzregeln über funktionale Abhängigkeiten relevant (Ableitung eines Relationsschemas). Sowohl bei der Formulierung von funktionalen Abhängigkeiten als auch bei der Formulierung von Inklusionsabhängigkeiten treffen wir starke Einschränkungen, da hier diese Abhängigkeiten vom Anwendungsmodellierer nicht in der Form von Formeln angegeben werden, sondern durch ein graphisches Modell bestimmt werden, das nur eine beschränkte Form von Konstellationen der Abhängigkeiten zuläßt. Trotzdem behandeln wir hier kurz die Problematik, um zu zeigen, wie wichtig diese Einschränkungen für den praktischen Gebrauch sind.

Das Problem der Unentscheidbarkeit ist vor allem in der Tatsache begründet, daß aus funktionalen Abhängigkeiten und Inklusionsabhängigkeiten im allgemeinen Fall weitere funktionale Abhängigkeiten und Inklusionsabhängigkeiten ableitbar sind. Folgendes Beispiel zur Illustration der attributerzeugenden Regel stammt von [Mit83a]:

Gegeben sind die Attribute *Angestellter*, *Abteilungsleiter* und *Gehalt*, die funktionale Abhängigkeit

$$Angestellter \Rightarrow Gehalt$$

(jeder Angestellte bezieht genau ein Gehalt) und die Inklusionsabhängigkeit

$$Abteilungsleiter \xrightarrow{inkl} Angestellter$$

(jeder Abteilungsleiter ist ein Angestellter). Aus diesen Angaben läßt sich ableiten, daß auch ein Abteilungsleiter ein Gehalt hat, und zwar ein *Abteilungsleitergehalt* mit der Abhängigkeit:

$$Abteilungsleiter \Rightarrow Abteilungsleitergehalt$$

Die Werte des neu erzeugten Attributs *Abteilungsleitergehalt* werden vollständig aus den zuvor gegebenen Attributen determiniert, und es ergibt sich eine weitere Inklusionsabhängigkeit der Form:

$$Abteilungsleiter, Abteilungsleitergehalt \xrightarrow{inkl} Angestellter, Gehalt$$

Das abgeleitete, neue Attribut kann hier als Ergebnis einer Funktion betrachtet werden, die durch die funktionale Abhängigkeit bestimmt wurde. Mitchell argumentiert weiter, daß auf diese Weise durch funktionale Abhängigkeiten und Inklusionsabhängigkeiten Aussagen getroffen werden können, die vergleichbar mit der Komposition von Funktionen sind, wobei für Zwischenergebnisse neue Attribute eingeführt werden. Mitchell führt dieses Problem auf das Wortproblem von Halbgruppen zurück, dessen Lösungen nicht rekursiv aufzählbar sind [Mit83a].

Mitchell führt dabei die folgenden Ableitungsregeln für funktionale Abhängigkeiten und Inklusionsabhängigkeiten an:

1. Aus $UV \xrightarrow{inkl} XY$ und $X \Rightarrow Y$ kann $U \Rightarrow V$ abgeleitet werden, wobei $card(X) = card(U)$ gilt.

2. Aus $UV \xrightarrow{inkl} XY$, $UW \xrightarrow{inkl} XZ$ und $X \Rightarrow Y$ kann die Abhängigkeit $UVW \xrightarrow{inkl} XYZ$ abgeleitet werden, wobei $card(X) = card(U)$ gilt.

3. Aus $U \xrightarrow{inkl} V$ und $V \Rightarrow B$ kann $UA \xrightarrow{inkl} VB$ abgeleitet werden.

Die dritte Regel definiert die oben beschriebene Ableitung von neuen Attributen, es wird dabei das Attribut A „neu" eingeführt (vgl. *Abteilungsleitergehalt*). Das Attribut A war in der ursprünglichen Attributmenge nicht enthalten.

Zu beachten ist, daß bei jeder Ableitungsregel zumindest binäre Inklusionsabhängigkeiten involviert sind. Die Unentscheidbarkeit des Implikationsproblems gilt deshalb nur für den allgemeinen Fall. Existiert eine Beschränkung auf unäre Inklusionsabhängigkeiten, so ist das Implikationsproblem mit polynomialem Aufwand lösbar [CKV90]. Mannila und Räihä [MR92] geben folgende Tabelle für die Komplexität des Implikationsproblems von funktionalen Abhängigkeiten und unterschiedlichen Typen von Inklusionsabhängigkeiten an:

Inklusionsabhängigkeit	Entscheidbarkeit
unär, azyklisch	in linearer Zeit
unär	in polynomialer Zeit
azyklisch	in exponentieller Zeit
allgemein	unentscheidbar

In der weiteren Arbeit werden Inklusionsabhängigkeiten ausschließlich zur Gewährleistung der referentiellen Integrität verwendet, für die nur Inklusionsabhängigkeiten zwischen unterschiedlichen Relationsschemata verwendet werden. Bei der Bestimmung des relationalen Schemas können ausschließlich unäre Inklusionsabhängigkeiten verwendet werden, wobei vielfach in den Inklusionsabhängigkeiten künstliche Schlüssel zur Referenzierung von Objekttypen (Tupel-Identifikatoren) auftreten. In einem späteren, optionalen Schritt können diese – ohne Veränderung der Semantik – durch Attribute oder Attributkombinationen ersetzt werden (siehe Kapitel 5). Zwar werden dadurch mehrstellige Inklusionsabhängigkeiten erzeugt, allerdings werden dadurch keine „neuen" funktionalen Abhängigkeiten impliziert. Zudem stellt sich zu diesem Zeitpunkt das Implikationsproblem nicht mehr, das in erster Linie im Normalisierungsalgorithmus auftritt. Ähnlich wie in [MS92] werden hier somit die Inklusionsabhängigkeiten nur zur Fremdschlüsselbestimmung verwendet, wobei keine aufwendigen Inferenzprozeduren notwenig sind.

2.4   Erzeugung von relationalen Schemata aus funktionalen Abhängigkeiten

In diesem Abschnitt wird der Synthese-Algorithmus von Beeri und Bernstein [BB76] zur automatischen Erzeugung von relationalen Schemata aus funktionalen Abhängigkeiten beschrieben. Zuvor müssen allerdings noch einige weitere Begriffe definiert werden.

2.4.1   Eigenschaften von funktionalen Abhängigkeiten und relationalen Schemata

Gegeben ist eine Menge von Attributen A, die durch funktionale Abhängigkeiten F eingeschränkt werden. Eine funktionale Abhängigkeit $X \Rightarrow Y$ aus F heißt *reduziert*, wenn in X keine redundanten Attribute existieren. Ein Attribut a in X heißt redundant, wenn die von $X - a$ und X determinierten Attribute gleich sind:

$$(X - a)^+ = X^+$$

Eine Menge von funktionalen Abhängigkeiten F heißt *redundanzfrei*, wenn keine Teilmenge F' von F existiert, welche die gleiche funktionale Hülle $F+$ impliziert.

$$\forall F' \subseteq F : F^+ \neq F'^+$$

Bei der Erzeugung eines relationalen Schemas werden die Attribute A in einzelne Relationsschemata R_i zerlegt, wobei $R_i \subseteq A$ gilt. Eine Zerlegung (ein relationales Schema) heißt *verbundtreu* (engl.: loss-less), wenn der Verbund (engl.: join) aller R_i wiederum die Gesamttabelle ergibt.

Eine Zerlegung heißt *abhängigkeitstreu* (engl.: dependency preserving), wenn die Vereinigung aller Abhängigkeiten der R_i wiederum die Ausgangsmenge der Abhängigkeiten X impliziert.

Ein relationales Schema ist in einer Normalform N, wenn jedes der Relationsschemata R_i in der Normalform N ist.

Ein Relationsschema ist in *dritter Normalform*, wenn für alle nicht-trivialen Abhängigkeiten $X \Rightarrow Y$ über die Attribute von R_i gilt, daß entweder X ein Schlüssel von R_i ist, oder daß Y ein Schlüssel-attribut ist (d.h. selber Schlüssel ist, oder in einem anderen Schlüssel enthalten ist).

Ein Relationsschema ist in *Boyce-Codd-Normalform*, wenn für alle nicht-trivialen Abhängigkeiten $X \Rightarrow Y$ über die Attribute von R_i gilt, daß X ein Schlüssel von R_i ist.

2.4.2 Algorithmische Ableitung von relationalen Schemata

Wie bereits in der Einleitung erläutert, wird in dieser Arbeit ein Algorithmus zur Bestimmung von relationalen Schemata aus funk-tionalen Abhängigkeiten eingesetzt. Zur Lösung dieser Aufgaben-stellung können zwei unterschiedliche Ansätze gegenübergestellt werden: Dekompositionsalgorithmen [Ull88, Vos87] und Synthese-Algorithmen [BB76, Vos87].

Dekompositionsalgorithmen zerlegen die universelle Relation schrittweise in verbundtreue Relationsschemata, bis schließlich ein relationales Schema in Boyce-Codd-Normalform vorliegt. Der Nachteil der Zerlegungsalgorithmen ist, daß dabei die Abhängig-keitstreue nicht gewährleistet werden kann (vgl. auch Abschnitt 2.4.1).

Synthese-Algorithmen gehen von der Menge der funktionalen Abhängigkeiten aus und gruppieren dabei die Abhängigkeiten zu Relationsschemata. Die resultierenden Relationsschemata sind da-bei zumindest in dritter Normalform, die Abhängigkeitstreue ist gewährleistet. Die Verbundtreue ist nicht garantiert.

Es ist aus der Datenbankliteratur hinreichend bekannt, daß für einzelne Mengen von funktionalen Abhängigkeiten keine Zerlegun-gen existieren können, die sowohl abhängigkeitstreu als auch in Boyce-Codd-Normalform sind (siehe z.B. [BB76, Ull88]).

Da in dieser Arbeit die Modellierung in erster Linie auf der Modellierung von Abhängigkeiten beruht, erscheint die Abhängigkeitstreue als primäres Ziel. Deshalb wird hier ein Synthese-Algorithmus bevorzugt.

2.4.3 Ein Synthese-Algorithmus zur Bestimmung eines relationalen Schemas aus funktionalen Abhängigkeiten

Der in dieser Arbeit verwendete Synthese-Algorithmus stammt von Beeri und Bernstein [BB76]. In diesem Algorithmus werden ausgehend von einer Menge von funktionalen Abhängigkeiten diese in eine äquivalente, in hohem Ausmaß redundanzfreie Menge von Abhängigkeiten transformiert. Die Abhängigkeiten mit gleichen oder äquivalenten linken Seiten werden in Gruppen zusammengefaßt, aus denen nach weiteren Vereinfachungen die Relationsschemata gebildet werden.

Der Algorithmus ist in fünf Schritte unterteilt:

1. Ermittlung einer redundanzfreien funktionalen Hülle H von F, bestehend aus reduzierten funktionalen Abhängigkeiten.

2. Einteilung von H in Gruppen von Abhängigkeiten, die alle identische linke Seiten aufweisen.

3. Zusammenziehung von Gruppen mit äquivalenten Schlüsseln: Finde Gruppen H_i und H_j mit linken Seiten X_i und X_j, wobei $X_i \Rightarrow X_j$ und $X_j \Rightarrow X_i$ logische Konsequenz von H sind. Die Abhängigkeiten $X_i \Rightarrow X_j$ und $X_j \Rightarrow X_i$ werden in J gesammelt, und alle Abhängigkeiten der Form $X_i \Rightarrow Z_j$ (wobei $Z_j \in X_j$) und $X_j \Rightarrow Z_i$ (wobei $Z_i \in X_i$) werden aus H eliminiert.

4. Elimination transitiver Abhängigkeiten: Finde die minimale Teilmenge H' von H mit der Eigenschaft $(H' \cup J)^+ = (H \cup J)^+$. Jede Abhängigkeit aus J wird wiederum in die Gruppen von H' eingefügt, von der sie in Schritt 3 abgeleitet wurde.

5. Erzeugung von Relationsschemata: Für jede Gruppe in H' wird ein Relationsschema mit allen Attributen der Gruppe

erzeugt, alle linken Seiten der Gruppe bilden Schlüssel des Relationsschemas.

Dieser vielzitierte Algorithmus erzeugt ein abhängigkeitstreues relationales Schema, das zumindest in dritter Normalform ist. In den Beispielen dieser Arbeit erzeugt der Algorithmus meist Schemata in Boyce-Codd-Normalform. Die algorithmische Komplexität dieses Algorithmus verhält sich im schlechtesten Fall quadratisch zu der Zahl der Abhängigkeiten in F (siehe [BB79]).

Eine weit ausführlichere Diskussion zu diesem Algorithmus und dessen Eigenschaften ist in [BB76, BB79, VRT82] zu finden. Diederich und Milton [DM88] zeigen eine verbesserte Variante dieses Algorithmus. Ceri und Gottlob [CG86] verwenden ebenfalls diesem Algorithmus und präsentieren in ihrer Arbeit eine Implementierung in Prolog, die sich allerdings in bezug auf Programmstruktur, Programmierstil und Verwendungszweck deutlich von mir entwickelten Implementierung unterscheidet.

2.5 Effiziente Repräsentation von Abhängigkeiten

Bei Algorithmen über funktionale Abhängigkeiten gehören das Membership-Problem ($F \models X \Rightarrow Y$) und die Berechnung der determinierten Attribute X^+ zu den häufigst verwendeten Operationen. Als Teilprobleme werden dabei Mengenoperationen über Mengen mit Elementen aus einem endlichen Bereich (für die Problemstellung dieser Arbeit: über die Attribute A) durchgeführt.

In der dieser Arbeit zugrundeliegenden Implementierung in Prolog (SICStus Prolog 2.1, [CW92]) wurden zur Repräsentation von Attributmengen ganze Zahlen herangezogen, wobei jeweils ein Bit in der binären Repräsentation der ganzen Zahl für ein Attribut verwendet wird. Eine ganze Zahl (Integer) wird somit wie ein Bit-Vektor interpretiert. Für $A = \{alter, name, pnr\}$ und eine funktionale Abhängigkeit

$$pnr \Rightarrow alter \cup name$$

ergibt sich die Repräsentation der linken Seite der Abhängigkeit als Wert $2^2 = 4$ und der rechten Seite mit $2^0 + 2^1 = 3$. Der Exponent der Zahl 2 ergibt sich aus der Position des Attributs in der Menge A, die hier als sortierte Liste der Attribute dargestellt wird. Obige funktionale Abhängigkeit ist somit als Zahlenpaar

$$4 \Rightarrow 3$$

darstellbar.

Durch diese Repräsentation von Mengen durch Zahlen lassen sich die meisten Mengenoperationen durch rein arithmetische Operationen ausdrücken. SICStus-Prolog unterstützt Integer-Werte auch über Maschinenwortgröße hinaus, wobei Zahlen im Bereich von $\pm 2^{2147483616}$ dargestellt werden können (siehe [CW92]). Da die Zahl der Attribute ebenfalls durch diesen Exponenten bestimmt ist, erlaubt diese Repräsentation in SICStus-Prolog über 2 Milliarden Attribute. Somit ergeben sich aus dem Wertebereich von ganzen Zahlen für praktische Applikationen keine Limitationen.

Da in SICStus-Prolog Bit-Operationen wie z.B. *bitweises und* $(/\backslash)$, *bitweises oder* $(\backslash/)$, *bitweise Negation* $(\backslash()$) u.ä. über alle darstellbaren Integer-Werte unterstützt werden, ist die Definition von Mengenoperationen durch einfache arithmetische Funktionen möglich. Die nachfolgende Tabelle zeigt die wichtigsten Mengenoperationen und ihre Definition in Prolog.

	Mathematik	Prolog
Mengendifferenz:	$C = A - B$	`C is A /\ \(B)`
Mengenvereinigung:	$C = A \cup B$	`C is A \/ B`
Durchschnitt:	$C = A \cap B$	`C is A /\ B`
Teilmenge:	$A \subseteq B$	`A is A /\ B`

Folgende Definition von `attribute_closure` in Prolog berechnet nach dem im Abschnitt 2.3.1 beschriebenen Fixpunktalgorithmus aus einer Menge von Attributen (erstes Argument) und einer Menge von funktionalen Abhängigkeiten (zweites Argument) die Menge der determinierten Attribute A^+ (drittes Argument).

```prolog
attribute_closure(A, F, Aplus) :-
    attribute_closure(A,0,F,Aplus).

attribute_closure(A,A,_,A) :- !.
attribute_closure(A,_,F,C) :-
    neue_attribute(F,A,A1),
    attribute_closure(A1,A,F,C).

neue_attribute([],A,A).
neue_attribute([X=>Y|FDs],A0,A2) :-
    X is X /\ A0, !,
    A1 is A0 \/ Y,
    neue_attribute(FDs,A1,A2).
neue_attribute([_|FDs],A0,A1) :-
    neue_attribute(FDs,A0,A1).
```

Diese Implementierung hat im ungünstigsten Fall eine Laufzeit quadratisch zur Zahl der Abhängigkeiten. In [BB76, BB79] wird ein Algorithmus zur Ermittlung der determinierten Attribute mit linearer Laufzeit gezeigt.

Bei den hier verwendeten Algorithmen stehen vor allem Einfachheit und leichte Nachvollziehbarkeit im Vordergrund. Bei keinem der 26 Beispiele für die Umwandlung von konzeptionellen Modellen in relationale Schemata in den Abschnitten 5.7 und 5.8 kam es zu Laufzeitproblemen; typischerweise betrug die Abarbeitungszeit pro Beispiel weniger als eine Sekunde.

Durch die gewählte Repräsentation ist diese einfache Implementierung 50 bis 2000 mal schneller als die wesentlich komplexere Implementierung von [DM88] in Smalltalk 80. Diese Verbesserungsfaktoren wurden an den publizierten Ergebnissen von [DM88] gemessen, die jeweils 40 bis 50 funktionale Abhängigkeiten enthalten. Bei den meisten Beispielen entsprachen die Werte von SICStus-Prolog, gemessen in Millisekunden, größenordnungsmäßig den Werten von [DM88], gemessen in Sekunden. Ein Teil der Verbesserung ist sicherlich auf die Verwendung einer schnelleren Workstation (DECstation 5000/200, gegenüber dem von Diederich verwendeten Arbeitsplatzrechner Tektronix 4404) zurückzuführen. Heute am Markt befindliche Tischrechner sind bereits wieder ein Vielfaches schneller als die hier verwendete Workstation. Wie spätere Vergleichsmessungen zeigen werden, lassen sich heute schon auf Intel-80486-Rechnern noch bessere Werte erzielen. Die verwendete Prolog-Implementierung (SICStus-Prolog) basiert auf einem WAM-Code, der (auf den getesteten Rechnern) von einem in der Programmiersprache C geschriebenen Interpreter ausgeführt wird. Für andere Prozessorarchitekturen (wie z.B. Sparc, Motorola 68000) existieren für SICStus-Prolog Übersetzer von WAM-Code in Maschinensprache, wodurch weitere Verbesserungen bis zu einem Faktor von sieben gemessen werden können.

Sicherlich lassen sich noch bessere Werte erzielen, wenn man die naïve Fixpunktiteration durch bessere Verfahren, die früher abbrechen, die nicht in jedem Schritt alle alten Ergebnisse neu berechnen bzw. unnötige Abhängigkeiten eliminieren, ersetzt. In der dieser Arbeit zugrundeliegenden Implementierung hat sich der einfache, oben dargestellte Algorithmus auch geschwindigkeitsmäßig als völlig zufriedenstellend erwiesen.

Kapitel 3

Spezifikation von Datenmodellierungsverfahren

Im letzten Abschnitt wurde gezeigt, wie ein relationales Schema R aus Attributen A aufgebaut wird und wie R durch funktionale Abhängigkeiten F und Inklusionsabhängigkeiten I eingeschränkt werden kann. Die intensionale relationale Datenbank ergibt sich somit aus:

$$(R(A), F + I)$$

Bei konzeptionellen Datenmodellierungsverfahren (wie z.B. ER oder NIAM) spielen die Objekttypen O und die beschreibenden Merkmale B des Anwendungsbereichs eine zentrale Rolle. Zu den Objekttypen des ER-Modells gehört etwa der Entitätstyp, zu denen des NIAM-Modells das NOLOT (der nicht-lexikalische Objekttyp). Beschreibende Merkmale des ER-Modells sind beispielsweise Attribute, ein beschreibendes Merkmal von NIAM ist das LOT (der lexikalische Objekttyp). Objekttypen und beschreibende Merkmale sind also Verallgemeinerungen von Konstrukten, wie sie in konkreten konzeptionellen Datenmodellierungsverfahren auftreten. In dieser Arbeit werden aus der Literatur bekannte konzeptionelle Datenmodelle in *abstrakte konzeptionelle Datenmodelle* übergeführt, die dann den Ausgangspunkt für die Formulierung von Abhängigkeiten bilden. Wie in der Folge gezeigt wird, lassen sich auch für konzeptionelle Datenmodelle funktionale Abhängigkeiten und Inklusionsabhängigkeiten über die Elemente des abstrakten konzeptionellen Datenmodells (O und B) bestimmen. Um die Formulierungen dieser Arbeit etwas zu vereinfachen, wird in der Folge vielfach das Adjektiv *abstrakt* im Zusammenhang mit dem konzeptionellen Modell weggelassen.

In dieser Arbeit wird die Hypothese aufgestellt, daß sich für eine weite Klasse von konzeptionellen Datenmodellen die Semantik aus dem Zusammenspiel von Objekttypen und beschreibenden Merkmalen mit den Abhängigkeiten bestimmen läßt. Das intensionale (strukturelle) konzeptionelle Datenmodell K einer Applikation wird dabei durch

$$(K(O, B), F + I)$$

definiert. Die Abhängigkeiten F und I werden aus einer abstrakten Spezifikation des verwendeten konzeptionellen Datenmodells und aus einer Repräsentation des Anwendungsmodells abgeleitet. Für Prototyping und die Validierung des konzeptionellen Schemas können – ähnlich der Extension des relationalen Schemas in Tabellen – Anwendungsdaten in einer anwendungsneutralen Repräsentation (der sog. allgemeinen Datenrepräsentation) angegeben und getestet werden (siehe Kapitel 4).

Im Kapitel 5 wird das konzeptionelle Modell $(K(O, B), F + I)$ in ein relationales Modell $(R(A), F' + I')$ umgewandelt, wobei die Attribute des relationalen Modells A in erster Linie aus den beschreibenden Merkmalen B des konzeptionellen Modells abgeleitet werden.

3.1 Grundkonzepte von konzeptionellen Datenmodellierungsverfahren

Die Grundkonzepte von konzeptionellen Datenmodellen sind Objekttypen, die mit einem eindeutigen Namen gekennzeichnet werden, und beschreibende Merkmale, die jeweils Objekttypen zugeordnet sind. Für jedes beschreibende Merkmal lassen sich für ein Objekt ein oder mehrere Werte zuordnen. Die beschreibenden Merkmale werden ebenfalls durch einen Namen gekennzeichnet, der allerdings nur pro Objekttyp eindeutig sein muß.

In dieser Arbeit wird zu jedem Objekttyp ein künstlicher Schlüssel mit der Bezeichnung *„Tupel-Identifikator"* (oder kurz *tupid*) vergeben, der zur eindeutigen Identifizierung der Objekttypen und für den Zugriff auf deren beschreibende Merkmale dient. Diese systemweit eindeutigen Tupel-Identifikatoren können weiters verwendet werden, um alle Ausprägungen für ein konkretes Objekt zu einem Tupel zu aggregieren. Der Tupel-Identifikator kann mit dem Begriff des Surrogats in RM/T [Cod79] verglichen werden.

Das konzeptionelle Schema kann als Funktion definiert werden, das Objekttypen auf beschreibende Attribute abbildet:

$$f : O_i \longrightarrow B_{i,1} \times B_{i,2} \times \cdots \times B_{i,n}$$

Die beschreibenden Merkmale $B_{i,j}$ beziehen sich auf Begriffe des modellierten Realitätsausschnitts und sind entweder Referenzen auf andere Objekttypen (*Rollen*) oder andere Ausprägungen (*Werte*). Ein beschreibendes Merkmal $B_{i,j}$ kann als Funktion von Tupel-Identifikator auf Konstante des Wertebereichs betrachtet werden

$$f : Tupid \longrightarrow Konstante_{i,j}$$

wobei für die Identifikation jedes Objekttyps O_i der Tupel-Identifikator eingesetzt werden kann.

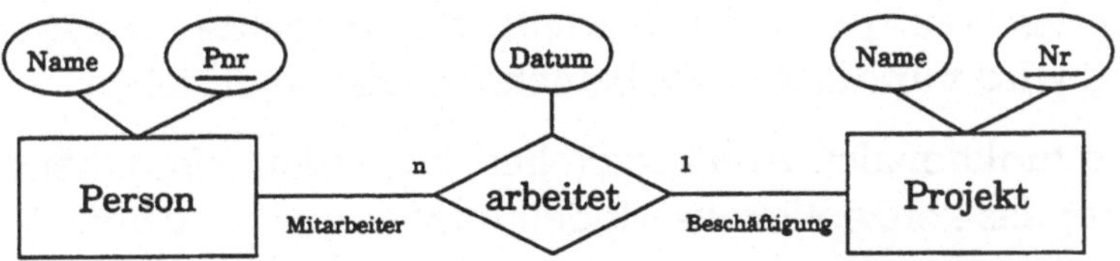

Abbildung 3.1: Ein einfaches ER-Modell

Im Falle des ER-Modells sind die Objekttypen der Entitätstyp und der Beziehungstyp, die beschreibenden Merkmale sind Attribute und Rollen. Im Beispieldiagramm in Abbildung 3.1 sind somit

Person, *arbeitet* und *Projekt* als Objekttypen mit folgenden beschreibenden Merkmalen definiert:

Objekttyp	beschreibende Merkmale
Person	*Name, Pnr*
arbeitet	*Mitarbeiter, Datum, Beschäftigung*
Projekt	*Name, Nr*

Dem ER-Modell in Abbildung 3.1 entspricht in einer direkten Umsetzung das (gedachte) relationale Schema[1]:

Person(Tupid, Name, Pnr)
arbeitet(Tupid, Mitarbeiter, Datum, Beschäftigung)
Projekt(Tupid, Name, Nr)

In diesem Beispiel haben sowohl *Person* als auch *Projekt* das beschreibende Merkmal *Name*. Zur eindeutigen Kennzeichung von beschreibenden Merkmalen muß also der Name des dazugehörigen Objekttyps hinzugezogen werden. In der weiteren Arbeit werden

- beschreibende Merkmale B jeweils mit wert (*Merkmal, Objekttyp*) referenziert, und

- Tupel-Identifikatoren (die Platzhalter der Objekttypen O) mit tupid(*Objekttyp*) bezeichnet[2].

wert und tupid sind somit die einzigen Referenzen auf Elemente des konzeptionellen Modells, das abstrakte konzeptionelle Modell wird nur durch diese beiden Begriffe beschrieben.

Die funktionalen Abhängigkeiten und Inklusionsabhängigkeiten über das konzeptionelle Modell werden auf Basis von O und B

---

[1]Dieses relationale Schema wird hier nur zur Illustration angeführt. Die ausführliche Behandlung der Umsetzung von konzeptionellen Modellen in relationale Schemata erfolgt im Kapitel 5.

[2]Diese Darstellungsform kann auch als Kurzform für wert (tupid, *Objekttyp*) angesehen werden, was bei einer Modellierung von konzeptionellen Datenmodellen in Datalog-Sprachen wie beispielsweise Syllog von Vorteil ist (vgl. [KN92b]).

(und somit auf Basis von `wert` und `tupid`) definiert. In welcher Weise welche O oder B von welchen anderen O oder B abhängen, ist durch die konzeptionelle Datenmodellierungsmethode und das konkrete Anwendungsmodell bestimmt. Für die Ableitung von konkreten Abhängigkeiten sind somit zweierlei Typen von Information relevant:

1. Welches Konstrukt eines Modellierungsverfahrens hängt von welchem anderen Konstrukt ab?

   Beim ER-Modell gilt beispielsweise, daß ein identifizierendes Attribut eines nicht-schwachen Entitätstyps diesen eindeutig bestimmt, wodurch eine funktionale Abhängigkeit definiert wird. Diese Definition gilt für jedes ER-Modell und ist somit unabhängig von einem konkreten Anwendungsmodell.

   Diese Information wird hier die „*abstrakte Spezifikation der Datenmodellierungssprache*" genannt.

2. Welche konkreten Begriffe treten in einem (meist in graphischer Form gegebenen) konzeptionellen Modell auf, bzw. in welchem Zusammenhang stehen diese?

   Durch diese Information wird ein konkretes Anwendungsmodell durch die von der konzeptionellen Datenmodellierungssprache vorgeschriebenen Konstruktionselemente beschrieben.

   Diese Repräsentation eines konkreten Anwendungsmodells wird hier „*Eins-zu-eins-Abbildung*" genannt.

Für das ER-Diagramm in Abbildung 3.1 lassen sich beispielsweise aus der abstrakten Regel

- identifizierendes Attribut bestimmt Objekttyp

und einer Repräsentation des konkreten ER-Modells unmittelbar folgende konkrete funktionale Abhängigkeiten ableiten[3]:

---

[3]Identifizierende Attribute werden in dieser Arbeit in ER-Diagrammen unterstrichen dargestellt.

wert(nr,projekt) $\Rightarrow$ *tupid(projekt)*
wert(pnr,person) $\Rightarrow$ *tupid(person)*

Grundsätzlich gibt es zwei Betrachtungsweisen von konzeptionellen Modellen: In einer Betrachtungsweise wird das konzeptionelle Modell als Instrument gesehen, um Attribute und Tabellen für das relationale Datenmodell zu bestimmen, in einer anderen Betrachtungsweise wird es als Dokumentationsinstrument für relationale Datenbankschemata betrachtet. Die Sichtweise, die in dieser Arbeit vertreten wird, ist eine andere: Es wird hier generell versucht, das konzeptionelle Datenmodell als eigenständiges Modell zu betrachten und die Semantik möglichst frei von einer späteren Transformation in ein konkretes Datenmodell festzulegen.

Diese Betrachtungsweise hat auch Auswirkungen auf die Semantik von konzeptionellen Datenmodellen. Wenn für einen Objekttyp zwei Tupel mit gleichen Ausprägungen existieren, so wird auch hier – ähnlich zum relationalen Datenmodell[4] – angenommen, daß das gleiche Objekt beschrieben wird. Allgemein formuliert bestimmen im abstrakten konzeptionellen Modell alle beschreibenden Merkmale gemeinsam den Tupel-Identifikator des zugehörigen Objekttyps. Der identifizierende Tupel-Identifikator wird hier nur als metasprachliches Hilfskonstrukt zur eindeutigen Identifikation eingeführt, und wird später bei Bedarf eliminiert.

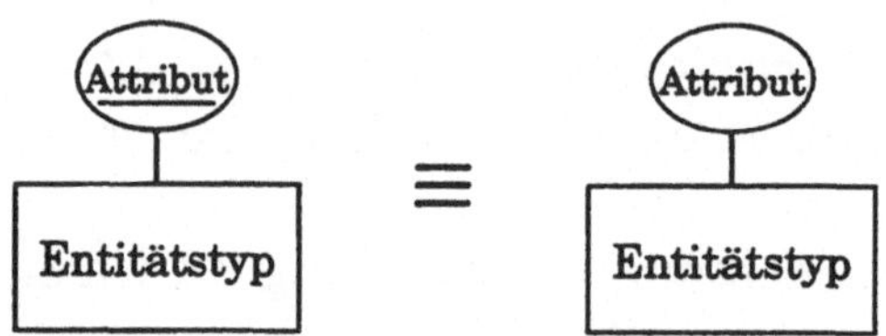

Abbildung 3.2: Zwei äquivalente ER-Modelle

Die Konsequenzen der Annahme, daß alle beschreibenden Merkmale gemeinsam den Objekttyp bestimmen, werden in der Abbildung 3.2 deutlich hervorgestrichen. Hat in einem ER-Modell

---

[4]Vgl. Objektexistenz im relationalen Modell, Kapitel 2 auf Seite 16.

z.B. ein Entitätstyp nur ein Attribut, so ist dieses automatisch ein identifizierendes Attribut.

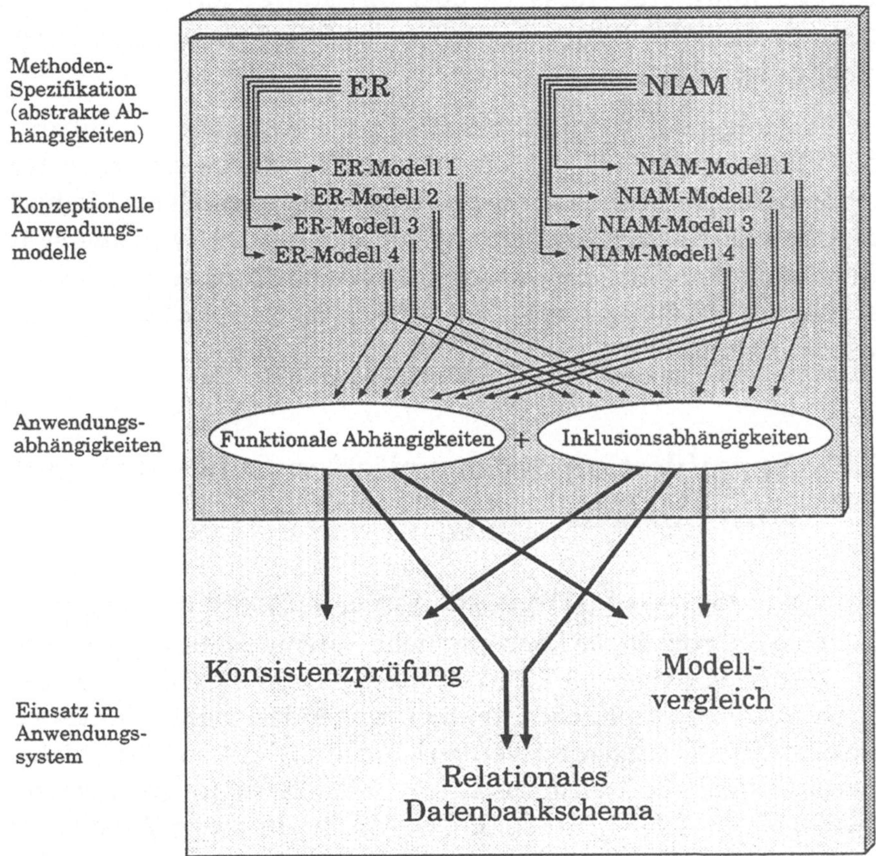

Abbildung 3.3: Spezifikation von konzeptionellen Modellierungssprachen durch abstrakte Abhängigkeiten und Ableitung von konkreten Anwendungsabhängigkeiten

In den folgenden Abschnitten dieses Kapitels wird gezeigt, wie Datenmodellierungsmethoden wie die EER-Methode oder die NIAM-Methode durch abstrakte Abhängigkeiten spezifiziert werden können. Aus den abstrakten Abhängigkeiten und einer Repräsentation von Anwendungsmodellen werden konkrete Anwendungsabhängigkeiten abgeleitet. Die resultierenden Abhängigkeiten werden dann in den Kapiteln 4 und 5 zur Konsistenzprüfung, zur Ableitung von Aussagen über das konzeptionelle Datenmodell und zur Ableitung von relationalen Schemata eingesetzt (vgl. Abbildung 3.3).

Der folgende Abschnitt beschreibt die abstrakte Spezifikation des EER-Modells. Da sich die abstrakte Spezifikation der Datenmodellierungssprache auf die Konzepte der verwendeten Methode und die modellierten Anwendungsmodelle bezieht, wird zuerst die Repräsentation der Anwendungsmodelle beschrieben, danach die abstrakten Abhängigkeiten. Im Abschnitt 3.3 folgt die Spezifikation von NIAM-Modellen.

3.2 Spezifikation des erweiterten Entity-Relationship-Modells

Die Entity-Relationship-Methode (ER) von [Che76] ist heute zweifelsohne die populärste konzeptionelle Datenmodellierungsmethode. Zu den Vorteilen der ER-Methode zählt, daß sie eine relativ einfache, intuitive graphische Notation verwendet, sodaß sie auch zur Dokumentation eingesetzt werden kann, und daß von ER-Modellen eine systematische Transformation zu relationalen Datenbanksystemen existiert [JNS83, TYF86, EN89, MS92]. In dieser Arbeit wird vorrangig der ER-Ansatz behandelt.

Chens ursprünglicher Formalismus wurde in den letzten Jahren um Konzepte wie das der Generalisierung [SS77] oder der Kategorie [EWH85] erweitert, in manchen Fällen allerdings auch eingeschränkt (z.B. auf maximal binäre Beziehungen [Bar89, Mar90]).

Wie die Abbildung 3.4 zeigt, wurden von unterschiedlichen Autoren zudem noch unterschiedliche graphische Darstellungen präferiert, wobei etwa Angaben zum Kardinalitätsverhältnis oder zur Partizipation manchmal auf unterschiedlichen Seiten eines Beziehungstyps spezifiziert werden. Die Abbildung 3.4 zeigt folgende fünf Aussagen in der Notation von Elmasri und Navathe [EN89]

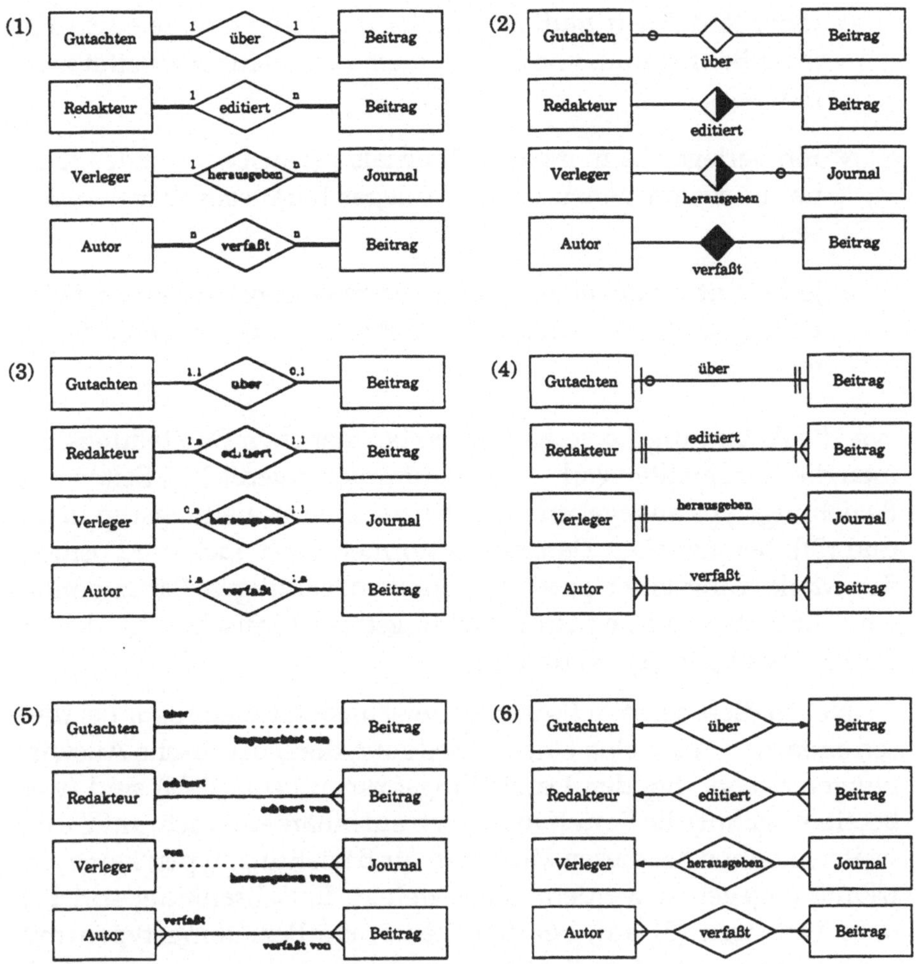

Abbildung 3.4: Unterschiedliche Notationen für Beziehungstypen im ER-Modell

(1), Teorey [Teo90] (2), in der Min-max-Repräsentation von unterschiedlichen Autoren wie z.B. [EN89, BCN92] (3), der Notation von
Information Engineering [Mar90] (4), der *„Case*Method"* von Ora-
cle [Bar89] (5) und Mannila und Räihä [MR92] (6).

- Für jedes Gutachten muß genau ein Beitrag existieren, für
  einen Beitrag kann es ein oder kein Gutachten geben.

- Jeder Redakteur muß einen oder mehrere Beiträge editieren, jeder Beitrag muß von genau einem Redakteur bearbeitet worden sein.

- Ein Verleger kann mehrere Journale herausgeben, jedes Journal muß von genau einem Verleger herausgegeben worden sein.

- Jeder Autor muß einen oder mehrere Beiträge verfassen, jeder Beitrag muß von einem oder mehreren Autoren geschrieben worden sein.

Wie die Abbildung 3.4 zeigt, werden bei manchen Darstellungsformen die Kardinalitätsverhältnisse auf unterschiedlichen Seiten des Beziehungstyps angegeben (vgl. den zweiten Beziehungstyp in (2) und (3)), bei manchen Darstellungsformen wird auch die Position der Markierung einer partiellen oder vollständigen Partizipation eines Entitätstyps in einem Beziehungstyp vertauscht (vgl. dritter Beziehungstyp in (1), (4) und (5)).

Neben diesen syntaktischen Unterschieden treten sogar bei diesen einfachen Beispielen Unterschiede auf, die semantische Auswirkungen haben. Bei den Darstellungsformen (4) und (5) sind (wie bereits erwähnt) die Beziehungstypen auf binäre eingeschränkt, und weiters können bei diesen Varianten für Beziehungstypen keine Attribute angegeben werden. Eine weitere Einschränkung tritt bei dem Verfahren (5) auf, bei dem keine n:m-Beziehungstypen mit beidseitig vollständiger Beteiligung erlaubt sind, die als *„unmögliche Bedingungen"* bezeichnet werden [Bar89, S. 3-7 und B-3].

Manche Autoren behandeln in ihren Arbeiten nur einen Teil der in diesen Beispielen angeführten Aspekte. Die ER-Variante in (6) erlaubt beispielsweise nicht die Modellierung von Existenzabhängigkeiten zwischen eigenständigen ER-Konstrukten, die üblicherweise durch partielle und vollständige Partizipationen ausgedrückt werden.

Neben diesen Unterschieden bei der Modellierung von Entitätstypen und Beziehungstypen existieren weiters noch zahlreiche unterschiedliche Ideen über die graphische Repräsentation von Attributen, schwachen Entitätstypen und Generalisierungen, auf die hier nicht näher eingegangen wird.

In dieser Arbeit werden die Ausdrucksmittel des erweiterten Entity-Relationship-Modells (EER) [EN89] verwendet, wobei hier nur identifizierende und beschreibende Attribute behandelt werden (keine mehrwertigen oder zusammengesetzten Attribute). Das Konzept der Kategorie wird hier nicht behandelt. Jedes ER-Modell ist auch gleichzeitig ein EER-Modell. In der Folge wird bei Bezugnahme auf allgemeine Konstruktionselemente, die sowohl im ER-Modell als auch im EER-Modell auftreten können, das Präfix „*ER*" verwendet, bei Bezugnahme auf die erweiterten Konstruktionselemente „*EER*".

In den meisten Beispielen werden in dieser Arbeit die Rollennamen angegeben, die zum Verständnis des Modells beitragen; partizipieren unterschiedliche Entitätstypen an einem Beziehungstyp, so kann der Rollenname durch den Namen des Entitätstyps ersetzt werden und muß nicht explizit angeschrieben werden.

3.2.1 Eins-zu-eins-Abbildung von EER-Diagrammen

Da die graphische Notation von EER-Diagrammen für die Weiterverarbeitung der Schema-Information ungeeignet ist, muß deren Strukturinformation in eine leicht weiterverwendbare Form transformiert werden, ohne daß deren Gehalt verloren geht. Als geeignete Repräsentation bietet sich ein relationales Schema an, das allgemeine Anwendungs-EER-Modelle beschreibt.

Zur Repräsentation der EER-Diagramme wird (wie auch in [KN92a, KN92b]) der Ansatz verfolgt, die Anwendungsmodelle in erster Linie über die Kanten der Graphen zu beschreiben. Für ER-Diagramme erfolgt die Repräsentation über die Kanten zu *Attributen, Rollen, Generalisierungen* und *schwachen Entitätstypen*.

Die Schema-Information von EER-Diagrammen wird in folgenden Relationsschemata (bzw. Prolog-Fakten) dargestellt:

1. Eins-zu-eins-Abbildung von Rollen:
   ```
   rolle(Rollenname, B_name, E_name, Kard, Part)
   ```

wobei R_name der Name der Rolle ist, B_name für den Beziehungsnamen, E_name für den beteiligten Entitätstyp, Kard für das Kardinalitätsverhältnis („*1*" oder „*n*"), und Part für die Partizipation („*vollständig*" oder „*partiell*") steht. In den Diagrammen wird eine vollständige Partizipation (Beteiligung) durch eine mit dicker Linie gezeichnete Rollenkante ausgedrückt.

Abbildung 3.5: Beziehungstyp mit Rollen

Der Beziehungstyp im Diagramm in Abbildung 3.5 kann somit durch die beiden nachstehenden Fakten repräsentiert werden:

```
rolle(arbeitender,arbeitet,angestellter,vollständig,n).
rolle(arbeit,arbeitet,projekt,partiell,1).
```

2. Eins-zu-eins-Abbildung von Attributen:
   attribut(Attributname, Objekttyp, Art)
   wobei Attributname den Namen des bezeichneten Attributs, Objekttyp den Namen des zugehörigen Beziehungs- oder Entitätstyps, und Art die Art des Attributs („*identifizierend*" oder „*beschreibend*") ausdrückt.

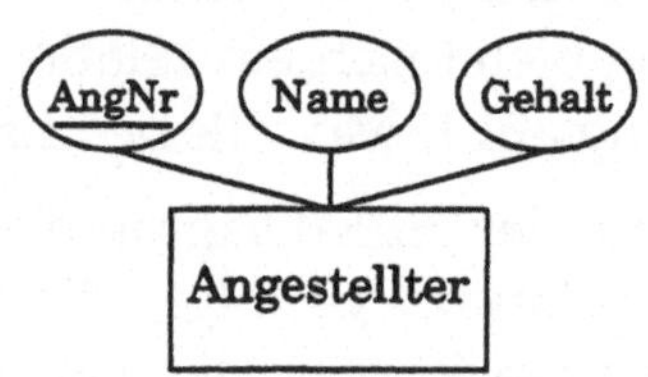

Abbildung 3.6: Entitätstyp mit Attributen

In den ER-Diagrammen dieser Arbeit (siehe auch Abbildung 3.6) werden die Bezeichner von identifizierenden Attributen unterstrichen dargestellt.

```
attribut(angNr, angestellter, identifizierend).
```

```
attribut(name, angestellter, beschreibend).
attribut(gehalt, angestellter, beschreibend).
```

Identifizierende Attribute von schwachen Entitätstypen (partiell identifizierende bzw. teilqualifizierende Attribute) werden mit einer unterbrochenen Linie unterstrichen (ein Beispiel folgt später in Abbildung 3.8).

3. Eins-zu-eins-Abbildung von Generalisierungen:
   ```
   generalisierung(G_name, O_name, Disj, Vollst)
   g_unter(G_name, S_name)
   ```
   wobei `G_name` den Namen der Generalisierung, `O_name` den Namen des Obertyps, `S_name` den Namen des Subtyps, `Disj` die Disjunktivität („*ausschließend*" oder „*überlappend*"), und `Vollst` die Vollständigkeit der Generalisierung („*vollständig*" oder „*partiell*") ausdrückt. Die Abbildung 3.7 enthält eine partielle (gekennzeichnet durch die dünn gezeichnete Linie zwischen Obertyp und Kreis), ausschließende Generalisierung (gekennzeichnet durch den Buchstaben *a* im Kreis).

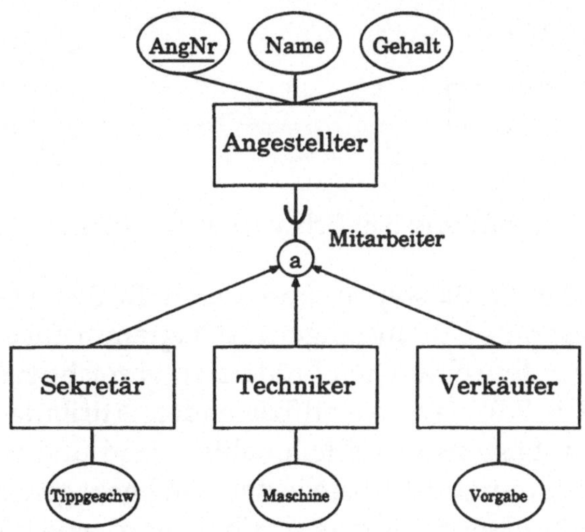

Abbildung 3.7: Partielle, ausschließende Generalisierung

Beachten Sie, daß auch Generalisierungen mit einem Namen versehen werden, was in der ER-Literatur nicht üblich ist.

Diese Namensgebung erlaubt auch geschachtelte Hierarchien, bzw. die Teilnahme von Entitätstypen in mehreren Generalisierungen.

Die Generalisierung der Abbildung 3.7 wird durch nachstehende Fakten repräsentiert.

```
generalisierung(mitarbeiter, angestellter,
                ausschließend, partiell).
g_unter(mitarbeiter, sekretär).
g_unter(mitarbeiter, techniker).
g_unter(mitarbeiter, verkäufer).
```

4. Eins-zu-eins-Abbildung von schwachen Entitätstypen:
   `besitzer(SE_name, B_name, ID_name)`
   wobei `SE_name` den Namen des schwachen Entitätstyp bezeichnet, `B_name` den Namen des Besitzers des schwachen Entitätstyps, und `ID_name` den Namen der identifizierenden Beziehung darstellt.

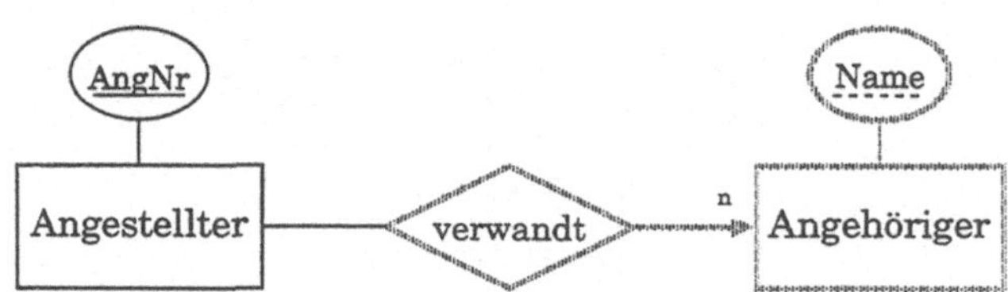

Abbildung 3.8: Schwacher Entitätstyp

Schwache Entitätstypen und deren Rollen werden durch stärkere graue Umrandungen im Diagramm mit einem Pfeil in Richtung des schwachen Entitätstyp gezeichnet (Darstellung nach [Che76]). Die identifizierenden Attribute von schwachen Entitätstypen sind teilqualifizierend und werden ebenfalls grau umrandet; anstelle der durchgezogenen Unterstreichung für identifizierende Attribute wird eine unterbrochene Unterstreichung verwendet.

Üblicherweise wird das Konzept, das hier „Rolle" genannt wird, als „identifizierender Beziehungstyp" bezeichnet. Allerdings ist meiner Ansicht nach ein schwacher Entitätstyp ein einziger Objekttyp, und nicht eine Konstruktion, bestehend aus einem identifizierenden Beziehungstyp und einem schwachen Entitätstyp. Ein schwacher Entitätstyp hat in dieser Arbeit (so wie alle anderen Objekttypen) einen Tupel-Identifikator (und nicht zwei, einen für den schwachen Entitätstyp und einen weiteren für den identifizierenden Beziehungstyp). In dieser Arbeit wird ein einziger besitzender Entitätstyp zugelassen, der identifizierende Beziehungstyp muß binär sein.

Der schwache Entitätstyp in Abbildung 3.8 wird durch folgendes Faktum repräsentiert:

```
besitzer(angehöriger, angestellter, verwandt).
```

Zu beachten ist, daß schwache Entitätstypen in der graphischen Notation der Kombination eines Beziehungstyps mit einem Entitätstyp nahe kommen, daß dieser allerdings ein eigenständiges Konzept darstellt, das in manchen Aspekten ein Mittelding zwischen Beziehungstyp und Entitätstyp bildet (ein schwacher Entitätstyp besitzt eine Inklusionsabhängigkeit zu einem Entitätstyp).

Durch die in den Punkten 1–4 aufgezählten Relationsschemata lassen sich EER-Diagramme darstellen. Die Ableitung von der graphischen Darstellung in dieses relationale Schema kann sehr leicht von Hand aus durchgeführt werden. Für komplexere Diagramme wurde zur Unterstützung der Transformation ein Programm entwickelt, das aus Graphikdateien des graphischen Editors Tgif [Che92] Fakten in diesem Schema erzeugt. Die Übersetzung von der graphischen Repräsentation in die Eins-zu-eins-Repräsentation wird von einer DCG-ähnlichen Free-Word-Order-Grammatik [Tan91] gesteuert. Programmtechnisch wird die Implementierung durch den Umstand erleichtert, daß der graphische Editor Tgif die erzeugten Graphiken standardmäßig als Prolog-Fakten abspeichert.

Das minimal erlaubte ER-Diagramm (siehe Abbildung 3.9) besteht aus einem Entitätstyp und einem Attribut und wird durch ein einziges Prolog-Faktum in der Eins-zu-eins-Repräsentation repräsentiert:

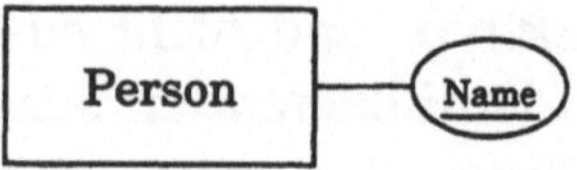

Abbildung 3.9: Ein minimales ER-Modell

```
attribut(name,person,identifizierend).
```

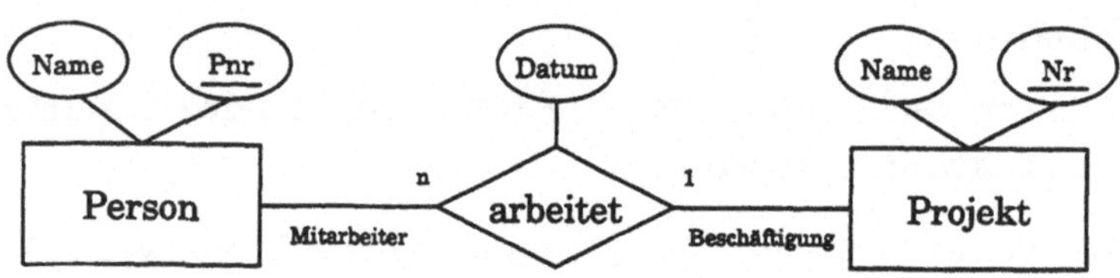

Abbildung 3.10: Ein einfaches ER-Modell

Für das ER-Diagramm aus Abbildung 3.10 ergibt sich folgende
Eins-zu-eins-Abbildung in Prolog:

```
attribut(pnr,person,identifizierend).
attribut(name,person,beschreibend).
attribut(nr,projekt,identifizierend).
attribut(name,projekt,beschreibend).
attribut(datum,arbeitet,beschreibend).
rolle(beschäftigung,arbeitet,projekt,1,partiell).
rolle(mitarbeiter,arbeitet,person,n,partiell).
```

Diese Repräsentation enthält die gesamte Schema-Information des
ER-Diagramms aus Abbildung 3.10.

3.2.2 Ein Meta-EER-Diagramm zur Ableitung der Eins-zu-eins-Repräsentation von EER-Diagrammen

Das Problem, für beliebige EER-Diagramme ein geeignetes relationales Schema zu ermitteln, ist eine Aufgabenstellung, die selbst
wiederum mittels eines EER-Modells unterstützt werden kann.

Ein EER-Diagramm, das die Information von EER-Diagrammen
beschreibt, heißt Meta-EER-Diagramm. Die Abbildung 3.11 zeigt

ein EER-Modell mit den ER-Konstrukten, die in dieser Arbeit behandelt werden.

Abbildung 3.11: Ein Meta-EER-Diagramm

Dieses Meta-EER-Diagramm kann wie folgt gelesen werden: Die zentrale Komponente eines EER-Diagramms ist der *Objekttyp*. Der Objekttyp ist entweder ein *Entitätstyp* oder ein *Beziehungstyp*. Objekttypen werden durch *Attribute* beschrieben, deren Namen teilqualifizierend sind, und die jeweils von einem bestimmten *Typ* sind. Entitätstypen und Beziehungstypen werden über *Rollen* verbunden, die wiederum einen teilqualifizierenden Namen besitzen und mit Information über *Kardinalität* und *Partizipation* ausgestattet sind. Der *schwache Entitätstyp* ist hier über den Beziehungstyp *besitzt* modelliert. Das Konzept der *Generalisierung* wird in gleicher Weise definiert.

In einem späteren Abschnitt wird gezeigt, wie das Meta-EER-Diagramm in Abbildung 3.11 verwendet werden kann, um daraus automatisch das im vorhergehenden Abschnitt beschriebene relationale Schema der Eins-zu-eins-Repräsentation abzuleiten.

3.2.3 Syntax der abstrakten Spezifikation

Die abstrakte Spezifikation des EER-Modells, die in den folgenden Abschnitten präsentiert wird, hat jeweils den Aufbau

$$\textit{Modellierungsverfahren} :: \textit{Quantifikation} :: \textit{Abhängigkeit}$$

und ist zu lesen als: Im angegebenen *Modellierungsverfahren* gilt für alle in *Quantifikation* bezeichneten Konzepte die angegebene *Abhängigkeit*. Die Quantifikation bezeichnet Objekttypen oder Namen von Hilfskonstrukten, die Abhängigkeit ist immer entweder ein funktionale Abhängigkeit oder eine Inklusionsabhängigkeit.

Die abstrakte Spezifikation des EER-Modells besteht beispielsweise aus Regeln mit folgendem Aufbau:

$$\texttt{eer} :: \textit{Objekttyp} :: \textit{L-Seite} \Rightarrow \textit{R-Seite}$$
$$\texttt{eer} :: \textit{Objekttyp} :: \textit{L-Seite}_l \xrightarrow{\textit{inkl.}} \textit{R-Seite}$$

Die in diesen Regeln angegebenen Objekttypen und beschreibenden Merkmale kommen im Schema der Eins-zu-eins-Repräsentation an unterschiedlichen Stellen und z.T. nur implizit vor. Um die Regeln möglichst kompakt zu halten und dadurch die Lesbarkeit der Spezifikation zu verbessern, wird hier eine eigens definierte Sprache verwendet, die durch einen in Prolog geschriebenen Interpreter implementiert wird. Dieser Interpreter kann bei Bedarf durch Programmtransformation in ein direkt ausführbares Prolog-Programm transformiert werden [Neu88, Neu90].

Die verwendete Sprache ist Prolog sehr nahe und ähnelt einer DCG (definite clause grammar) [PW80]. Die Definition des Quantifikationsteils erfolgt durch Regeln der Form

$$\textit{Kopf} :: -\textit{Körper}$$

wobei im *Körper* Konjunktionen, Disjunktionen oder Negationen von Zielen dieser Sprache auftreten können, bzw. innerhalb von geschwungenen Klammern Prolog-Ziele angeführt werden können, mittels derer auf obige Repräsentation der Schema-Information von EER-Diagrammen zugegriffen wird. Der verwendete Interpreter stellt zudem sicher, daß jeder Objekttyp nur einmal ausgegeben wird, auch wenn dieser über mehrere Definitionen aufgefunden werden kann.

Die Referenzen auf Konzepte im Abhängigkeitsteil der abstrakten Spezifikation werden in ähnlicher Weise definiert, wobei diese Regeln den Aufbau

$$\textit{Kopf} ::= \textit{Konzept} :: \textit{Körper}$$
$$\textit{Kopf} ::= \textit{Körper}$$

besitzen. Der wesentliche Unterschied zu der Definition des Quantifikationsteils ist, daß die Konstrukte im Körper der Regel durch Entsprechungen im abstrakten konzeptionellen Modell ersetzt werden, die jeweils der Form `wert`(*Merkmal,Objekttyp*) oder `tupid`(*Objekttyp*) sind (vgl. Abschnitt 3.1). Die aus dieser Transformation resultierenden konkreten Abhängigkeiten werden ausschließlich durch die Konzepte des abstrakten konzeptionellen Modells ausgedrückt.

Die im Abhängigkeitsteil verwendete Sprache erlaubt neben Konjunktionen, Disjunktionen oder Prolog-Zielen (wiederum zwischen geschwungenen Klammern) weiters noch folgende Operatoren für Mengenbildungen und optionale Konstrukte:

- **Konstrukt*: Das angegebene *Konstrukt* wird durch die Menge seiner Entsprechungen im abstrakten konzeptionellen Modell ersetzt; diese Menge kann auch leer sein.

- *+Konstrukt*: Das angegebene *Konstrukt* wird durch die Menge seiner Entsprechungen im abstrakten konzeptionellen Modell ersetzt; diese Menge darf nicht leer sein.

- `opt` *Konstrukt*: Das angegebene *Konstrukt* ist optional.

- *Konstrukt1* & *Konstrukt2*: Das Ergebnis der Transformation ist die Vereinigungsmenge der Ergebnisse der Transformation von *Konstrukt1* und *Konstrukt2*.

3.2.4   Die abstrakten Abhängigkeiten von EER-Modellen

Die folgenden abstrakten Abhängigkeiten spezifizieren die Bedeutung der Konstruktionselemente von EER-Modellen. Es werden dabei vier abstrakte funktionale Abhängigkeiten und vier abstrakte Inklusionsabhängigkeiten vorgestellt. Diese Abhängigkeiten sind als Beispiel zu sehen, wie durch die hier vorgestellte Methode eine konzeptionelle Datenmodellierungssprache implementiert werden kann. Bei Bedarf können diese Abhängigkeiten modifiziert oder erweitert werden. Die Leichtigkeit solcher Veränderungen ist gerade der Vorteil dieses Ansatzes.

(E-1) Tupel-Identifikator bestimmt einwertige Attribute: Chen definiert in [Che76] ein Attribut als eine Funktion, die eine Menge von Entitäten oder Beziehungen in eine Wertemenge abbildet. In unserer Repräsentation entspricht diese Definition folgender abstrakten funktionalen Abhängigkeit:

```
eer:: objekttyp(T) ::
   T ⇒ beschreibendes_merkmal(T)
```

Diese Regel ist wie folgt zu lesen: *Für jeden Objekttyp im erweiterten ER-Modell gilt: der Objekttyp (bzw. dessen Tupel-Identifikator) bestimmt dessen beschreibende Merkmale.* Der Objekttyp im EER-Modell ist entweder ein Entitätstyp oder ein Beziehungstyp. Folgende Definitionen bestimmen das Prädikat `objekttyp` im Quantifikationsteil von abstrakten Abhängigkeiten des EER-Modells.

```
objekttyp(X) ::- e_typ(X); b_typ(X).

e_typ(X) ::- {attribut(_,X,_), \+ rolle(_,X,_,_,_)};
             {rolle(_,_,X,_,_)};
             {g_unter(_,X)};
             {generalisierung(_,X,_,_)};
             {besitzt(_,X,_)};
             {besitzt(X,_,_)}.

b_typ(X) ::- {rolle(_,X,_,_,_)}.
```

Ein Objekttyp ist somit entweder als Entitätstyp (`e_typ`) oder als Beziehungstyp `b_typ` definiert. Obige Regel für die Definition von `e_typ(X)` ist etwas komplizierter, da Entitätstypen in der Eins-zu-eins-Repräsentation an mehreren Stellen auftreten können. Die unterschiedlichen Alternativen stimmen im übrigen mit den Rollenkanten im Meta-EER-Diagramm überein, die vom Entitätstyp *Entitätstyp* ausgehen (siehe Abbildung 3.11). Die Definition des Beziehungstyps ist wesentlich einfacher, da im Meta-EER-Diagramm eine vollständige Partizipation in der Rolle verlangt wird, und somit kein Beziehungstyp existieren kann, der nicht an der Beziehung *Rolle* teilnimmt (siehe ebenfalls Abbildung 3.11).

Ähnlich zu der Definition von `objekttyp` im Quantifikationsteil erfolgt die Definition der im Abhängigkeitsteil der Regel verwendeten Konzepte. Ein beschreibendes Merkmal im ER-Modell ist entweder ein Attribut oder eine Rolle:

```
beschreibendes_merkmal(T) ::=
    attribut(T,_); rolle(T).
```

Ein Attribut ist entweder ein lokales Attribut oder ein – über eine Generalisierung – vererbtes Attribut. Das zweite Argument von `attribut/2` steht für den Typ des Attributs, der entweder „*identifizierend*" oder „*beschreibend*" ist. Bei der Definition von `beschreibendes_merkmal/1` ist der Typ des Attributs irrelevant.

```
attribut(T,Typ) ::=
```

```
attribut(T,T,Typ,_).

attribut(T,TG,Typ,[]) ::= wert(A,TG) ::
   {attribut(A,T,Typ)}.

attribut(T,TG,Typ,Gen) ::=
   in_generalisierung(T,Gen,S),
   attribut(S,TG,Typ,_).
```

Das Prädikat `in_generalisierung/3` überprüft, ob der im
ersten Argument gegebene Objekttyp `T` in einer Generalisierung
`Gen` als Subtyp auftritt, und ermittelt dabei den Supertyp `S`. Durch
rekursive Anwendung des Prädikats `attribut/4` werden die Attribute von `S` berechnet und dem Ausgangsobjekttyp (zweites Argument) zugeordnet. Auf diese Weise werden Attribute in einer
Generalisierung von einem Supertyp an die Subtypen vererbt.

```
in_generalisierung(T,Gen,P) ::=
     {g_unter(Gen,T), generalisierung(Gen,P,_,_)}.
```

Rollen treten einerseits in Beziehungstypen auf, andererseits
auch bei schwachen Entitätstypen als Verbindung zum besitzenden
Entitätstyp. Die Rolle des schwachen Entitätstyps wird an Subtypen
des schwachen Entitätstyps vererbt:

```
rolle(T) ::= wert(Rolle,T) ::
   {rolle(Rolle,T,_,_,_)}.

rolle(T) ::=
   rolle(T,T,_).

rolle(T,TG,[]) ::= wert(Rolle,TG) ::
   {besitzer(T,_,Rolle)}.

rolle(T,TG,Gen) ::=
   in_generalisierung(T,Gen,P),
   rolle(P,TG,_).
```

In den resultierenden konkreten Abhängigkeiten treten alle beschreibenden Merkmale in der Form `wert` (*Merkmal,Objekttyp*) auf.

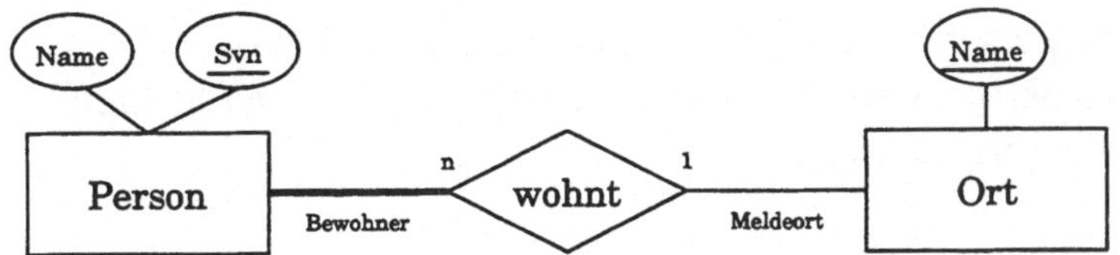

Abbildung 3.12: Jede Person ist an einem Ort hauptgemeldet

Durch die angeführte abstrakte funktionale Abhängigkeit lassen sich aus dem ER-Diagramm in Abbildung 3.12 folgende konkrete funktionale Abhängigkeiten ableiten, wobei die ersten drei Abhängigkeiten durch Entitätstypen und deren Attribute begründet sind, und die beiden letzten von Rollen von Beziehungstypen des ER-Modells stammen.

tupid(ort) $\Rightarrow$ *wert(name,ort)*
tupid(person) $\Rightarrow$ *wert(bewohner,wohnt)*
tupid(person) $\Rightarrow$ *wert(svn,person)*
tupid(wohnt) $\Rightarrow$ *wert(bewohner,wohnt)*
tupid(wohnt) $\Rightarrow$ *wert(meldeort,wohnt)*

(E-2) Alle beschreibenden Merkmale bestimmen den Objekttyp: Diese Regel geht aus der oben getroffenen Annahme hervor, daß zwei Objekttypen, die identische beschreibende Merkmale aufweisen, auch als gleich betrachtet werden. Diese Regel ist sehr allgemein und wird meist durch einschränkendere Regeln (wie z.B. der nachfolgenden Regel für identifizierende Attribute) aufgehoben.

```
eer:: objekttyp(T) ::
    +beschreibendes_merkmal(T) ⇒ T
```

Um eine abstrakte Abhängigkeit mit unbekannter Zahl von Konzepten auszudrücken, wird der Operator + verwendet, der alle für das entsprechende Konzept ableitbaren Entsprechungen in einer Menge zusammenfaßt. Aus dem ER-Modell in Abbildung 3.12 und dieser abstrakten Abhängigkeit ergeben sich nachstehende konkrete funktionale Abhängigkeiten.

wert(svn,person) ∪ *wert(svn,person)* ⇒ *tupid(person)*

wert(bewohner,wohnt) ∪ *wert(meldeort,wohnt)* ⇒ *tupid(wohnt)*

wert(name,ort) ⇒ *tupid(ort)*

(E-3) Alle Rollen bestimmen gemeinsam mit einem identifizierenden Attribut den Objekttyp: Bei dieser Regel muß unterschieden werden, ob ein identifizierendes Attribut einem starken oder schwachen Entitätstyp oder einem Beziehungstyp zugeordnet ist. Beziehungstypen besitzen mehrere Rollen, schwache Entitätstypen genau eine Rolle und starke Entitätstypen keine. Gehört das identifizierende Attribut zu einem starken Entitätstyp, so bestimmt es alleine dessen Tupel-Identifikator. Ist das identifizierende Attribut einem schwachen Objekttyp oder einem Beziehungstyp zugeordnet, so ist dieses Attribut nur teilqualifizierend und es müssen zur eindeutigen Bestimmung des Tupels alle Rollen beigezogen werden. Bei schwachen Entitätstypen werden auf diese Weise die Tupel-Identifikatoren der besitzenden Entitätstypen beigezogen, bei Beziehungstypen die Tupel-Identifikatoren aller an der Beziehung beteiligten Entitätstypen.[5]

```
eer:: objekttyp(T) ::
   *rolle(T) &
   opt attribut(T,identifizierend)
       ⇒ T
```

Für das Beispiel in Abbildung 3.12 ergeben sich aus der Regel folgende konkrete funktionale Abhängigkeiten:

wert(name,person) ⇒ *tupid(person)*

wert(name,ort) ⇒ *tupid(ort)*

wert(bewohner,wohnt) ∪ *wert(meldeort,wohnt)* ⇒ *tupid(wohnt)*

---

[5]Üblicherweise werden in der Literatur identifizierende Attribute für Beziehungstypen nicht behandelt. Diese hier vorgeschlagene Erweiterung vereinfacht m.E. die Modellierung in vielen Fällen (vgl. Beispiele 5.7-12 auf Seite 154 und 5.7-13 auf Seite 156).

In diesem Beispiel ist die erste abgeleitete funktionale Abhängigkeit spezifischer als die erste abgeleitete Abhängigkeit der vorigen abstrakten Abhängigkeit, die zweite und dritte abgeleitete Abhängigkeit sind hier redundant.

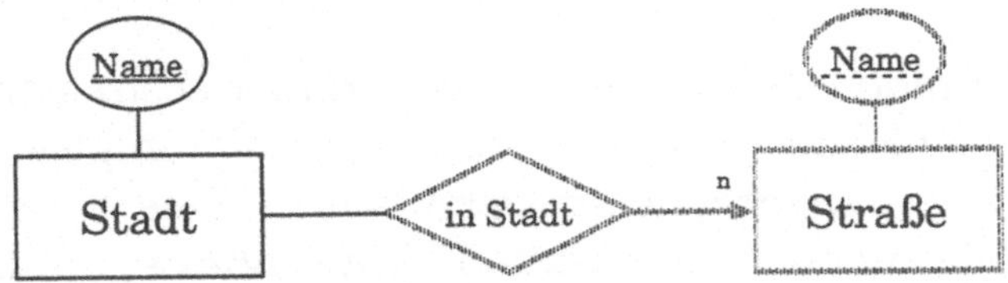

Abbildung 3.13: Ein ER-Modell mit einem schwachen Entitätstyp

Das Beispielmodell in der Abbildung 3.13 zeigt einen schwachen Entitätstyp. Der Name des schwachen Entitätstyps ist *Straße*, der Name der teilqualifizierenden Rolle ist *in Stadt*. Aufgrund dieses Modells ist es beispielsweise erlaubt, daß in den Städten *Wien* und *Linz* jeweils eine Straße mit der Bezeichnung *Hauptstraße* existiert. Die Inhalte der teilqualifizierenden Rolle sind jeweils die Tupel-Identifikatoren der Besitzer der schwachen Entitätstypen. Aus obiger abstrakter Abhängigkeit und dem Diagramm in Abbildung 3.13 ergibt sich somit folgende weitere konkrete funktionale Abhängigkeit:

$$wert(name,straße) \cup wert(in\_stadt,straße) \Rightarrow tupid(straße)$$

Die von schwachen Entitätstypen implizierte Inklusionsabhängigkeit wird später behandelt. Sie dient zur Einschränkung des Wertebereichs der Rolle und zur Fremdschlüsselbestimmung.

(E-4) Jede Einer-Rolle wird durch andere Rollen bestimmt: Für jeden Beziehungstyp gilt, daß die Einer-Rolle durch alle anderen Rollen bestimmt wird. Diese Regel gilt für Beziehungstypen mit beliebiger Stelligkeit. Existiert für diesen Beziehungstyp ein identifizierendes Attribut, so wird dieses beigezogen.

```
eer:: b_typ(T) ::
   +andere_rolle(R,T) &
   opt attribut(T,identifizierend)
        ⇒ einer_rolle(R,T)
```

Die Definition der Konzepte, die in dieser abstrakten funktionalen Abhängigkeit verwendet wurden, erfolgt in gleicher Weise wie bei den vorangegangenen Definitionen. Eine `einer_rolle` ist eine Rolle mit der Kardinalität „1", eine `andere_rolle` ist eine Rolle des gleichen Beziehungstyps, die von der angegebenen Rolle verschieden ist.

```
einer_rolle(Rolle,T) ::= wert(Rolle,T) ::
   {rolle(Rolle,T,_,1,_)}.

andere_rolle(Rolle,T) ::= wert(Rolle2,T) ::
   {rolle(Rolle2,T,_,_,_),  Rolle2 \== Rolle}.
```

Ähnlich wie bei der Definition der vorangehenden abstrakten funktionalen Abhängigkeit werden durch diese Regel auch optionale, teilqualifizierende Attribute für Beziehungstypen behandelt. Existiert kein entsprechendes identifizierendes Attribut, so wird der optionale Teil der Abhängigkeit ignoriert. Existieren ein oder mehrere identifizierende Attribute, so wird bei der Ableitung für jedes identifizierende Attribut im ER-Modell eine konkrete funktionale Abhängigkeit abgeleitet.

Aus dieser abstrakten funktionalen Abhängigkeit und dem ER-Modell in Abbildung 3.14 ergeben sich die nachstehenden konkreten funktionalen Abhängigkeiten.

wert(hörer,vorlesung) ∪ *wert(ort,vorlesung)*
    ⇒ *wert(vortragender,vorlesung)*

wert(hörer,vorlesung) ∪ *wert(vortragender,vorlesung)*
    ⇒ *wert(ort,vorlesung)*

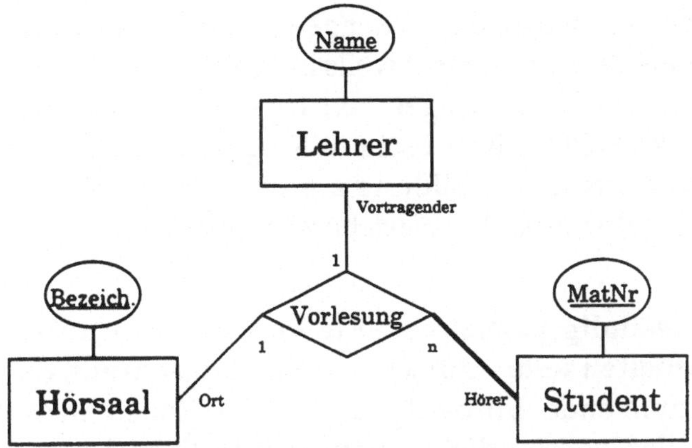

Abbildung 3.14: Dreistelliger Beziehungstyp

(E-5) Die Rollenausprägungen eines Beziehungstyps müssen in den beteiligten Entitätstypen enthalten sein: Für jeden Beziehungstyp gilt, daß die in den Rollen angeführten partizipierenden Entitätstypen in den korrespondierenden Entitätstypen inkludiert sein müssen. Die entsprechende abstrakte Inklusionsabhängigkeit lautet:

```
eer:: b_typ(T) ::
    partizipierende_rolle(T,E,_)  ──inkl──▶  E
```

Das Konzept `partizipierende_rolle` im Abhängigkeitsteil bestimmt für einen Beziehungstyp `T` den korrespondierenden Entitätstyp.

```
partizipierende_rolle(T,E,P) ::= wert(Rolle,T) ::
    {rolle(Rolle,T,_,P)}.
```

Aus dem ER-Diagramm in der Abbildung 3.14 lassen sich nachstehende konkrete Inklusionsabhängigkeiten ableiten:

wert(hörer,vorlesung) ──inkl──▶ *tupid(student)*
wert(ort,vorlesung) ──inkl──▶ *tupid(hörsaal)*
wert(vortragender,vorlesung) ──inkl──▶ *tupid(lehrer)*

Zu beachten ist hier, daß in der gewählten Darstellung die künstlichen Tupel-Identifikatoren jeweils in den Rollen-Feldern auftreten. Alle Rollen sind Untermengen von Tupel-Identifikatoren eines Entitätstyps. Wie später im Abschnitt 5.3 gezeigt wird, werden diese Rolleninhalte bei der Abbildung auf das relationale Modell durch identifizierende Werte des Wertebereichs ersetzt.

(E-6) Vollständig partizipierende Entitätstypen müssen in den Rollen enthalten sein: Für jeden Beziehungstyp gilt, daß vollständig partizipierende Entitätstypen in den Rollen inkludiert sein müssen. Für vollständig partizipierende Entitätstypen ist diese Abhängigkeit eine Umkehrung der vorigen abstrakten Inklusionsabhängigkeit.

```
eer:: b_typ(T)} ::
    E ──inkl→ partizipierende_rolle(T,E,vollständig)
```

Aus dem ER-Diagramm in der Abbildung 3.14 läßt sich aus dieser Regel eine weitere konkrete Inklusionsabhängigkeit ableiten:

$$tupid(student) \xrightarrow{inkl} wert(h\ddot{o}rer,vorlesung)$$

(E-7) Die Rollen der schwachen Entitätstypen müssen in den Besitzer-Entitätstypen inkludiert sein: Für schwache Entitätstypen gilt ähnliches wie für Beziehungstypen: die für die Rollen angegebenen Werte müssen eine Untermenge der existierenden „besitzenden" Entitätstypen sein.

```
eer:: e_typ(T) ::
    rolle(T) ──inkl→ besitzer(T)
```

Die im Quantifikations- und Abhängigkeitsteil neu hinzugekommenen Konzepte lassen sich über die `besitzer/3` Fakten der Eins-zu-eins-Abbildung und die Generalisierung definieren. Bei Subtypen von schwachen Entitätstypen werden die besitzenden Entitätstypen über die Generalisierung aufgefunden.

```
besitzer(T) ::= tupid(Besitzer) ::
    {besitzer(T,Besitzer,_)}.
besitzer(T) ::=
    in_generalisierung(T,_Gen,P),
    besitzer(P).
```

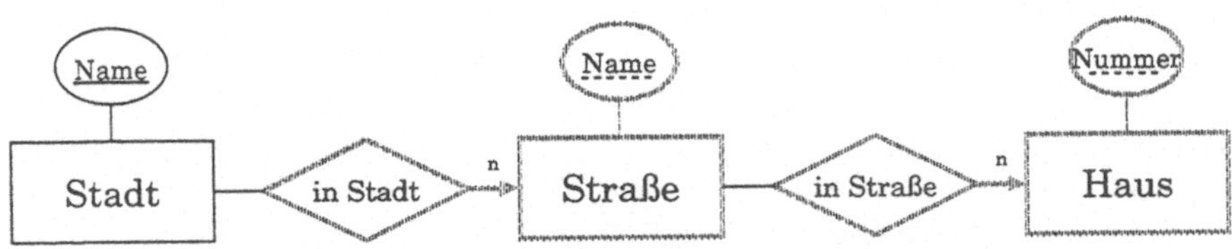

Abbildung 3.15: Schwache Entitätstypen

Das ER-Diagramm in Abbildung 3.15 zeigt ein Beispiel, in dem ein schwacher Entitätstyp Besitzer eines weiteren schwachen Entitätstyps ist. Die aus dem Diagramm und der abstrakten Inklusionsabhängigkeit resultierenden konkreten Abhängigkeiten sind:

$$wert(in\_stadt,straße) \xrightarrow{inkl} tupid(stadt)$$
$$wert(in\_straße,haus) \xrightarrow{inkl} tupid(straße)$$

(E-8) Subtypen einer Generalisierung müssen in Supertypen enthalten sein: In jeder Generalisierung gilt, daß alle Entitäten jedes Subtyps im Supertyp enthalten sein müssen. Da auch alle Attribute des Supertyps an die Subtypen vererbt werden, und die vererbten Attribute eine identifizierende Eigenschaft besitzen (alle Attribute des Supertyps bestimmen den Supertyp und somit auch den Subtyp), genügt es zu überprüfen, ob die Kombination aller Werte der vererbten Attribute im Subtyp auch in den entsprechenden Attributen des Supertyps inkludiert ist.

```
eer:: gen([Gen,T]) ::
    +vererbtes_merkmal(T,Gen)   inkl
                                 ⟶
    +merkmal_supertyp(T,Gen)
```

Die Information, daß ein Entitätstyp ein Supertyp eines anderen Entitätstyps ist, läßt sich aus den beiden Fakten `g_unter` und `generalisierung` der Eins-zu-eins-Repräsentation ableiten.

```
gen([G,T]) ::- {g_unter(G,T)}.

vererbtes_merkmal(T,Gen) ::=
    attribut(T,T,_,Gen);
    rolle(T,T,Gen).

merkmal_supertyp(T,Gen) ::=
    in_generalisierung(T,Gen,P),
    beschreibendes_merkmal(P).
```

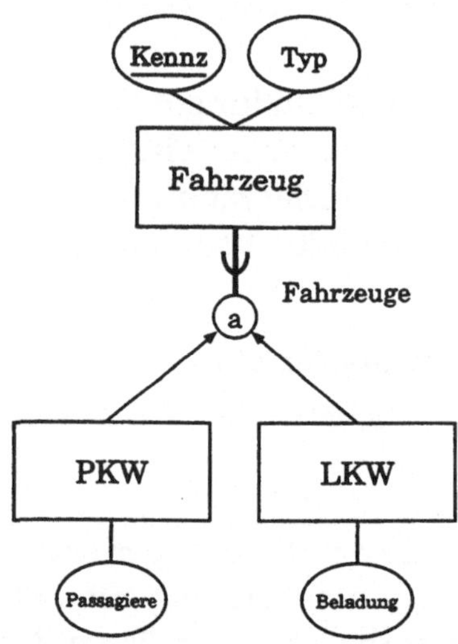

Abbildung 3.16: Vollständige, ausschließende Generalisierung

Aus der angeführten abstrakten Inklusionsabhängigkeit und dem EER-Modell in Abbildung 3.16 ergeben sich folgende konkrete Inklusionsabhängigkeiten:

$$wert(kennzeichen, lkw) \cup wert(typ, lkw)$$
$$\xrightarrow{inkl} wert(kennzeichen, fahrzeug) \cup wert(typ, fahrzeug)$$
$$wert(kennzeichen, pkw) \cup wert(typ, pkw)$$

$\xrightarrow{inkl}$ wert(kennzeichen,fahrzeug) $\cup$ wert(typ,fahrzeug)

Die abgeleiteten konkreten Inklusionsabhängigkeiten sind im allgemeinen Fall nicht schlüsselbasiert und mehrstellig. Der Vorteil dieser Formulierung, die auch beispielsweise von Markowitz und Soshani [MS92] angewendet wird, ist, daß die Definition der Generalisierung im Sinne der relationalen Modellierung über Werte des Anwendungsbereichs erfolgt, und nicht von den künstlich eingeführten Tupel-Identifikatoren abhängt.

Eine alternative Formulierung, die auf Objekttypen und nicht auf Attributwerte Bezug nimmt, könnte auf Basis der Tupel-Identifikatoren erfolgen. Es genügt zu überprüfen, ob alle Tupel-Identifikatoren eines Subtyps im Supertyp enthalten sind. Der Tupel-Identifikator ist jeweils ein einzelnes Attribut, die Inklusionsabhängigkeit ist somit unär. Die abstrakte Inklusionsabhängigkeit der Generalisierung kann alternativ somit wie folgt formuliert werden:

```
eer:: e_typ(T) ::
    T  inkl  supertyp(T)
```

Eine Generalisierung kann im EER-Modell vollständig oder partiell sein. Um sicherzustellen, daß eine Generalisierung vollständig ist, muß gewährleistet werden, daß jede Entität des Supertyps (im Beispiel der Abbildung 3.16 ist dies *Fahrzeug*) auch zumindest in einer der Subklassen enthalten ist. Diese Einschränkung läßt sich nicht durch Inklusionsabhängigkeiten alleine beschreiben. Ein möglicher Ansatz wäre, zu überprüfen, ob jede Entität des Supertyps in der Vereinigung der Subtypen enthalten ist, oder zu prüfen, ob **eine** der Inklusionsabhängigkeiten „*Fahrzeug enthalten in LKW*" oder „*Fahrzeug enthalten in PKW*" gilt.

wert(kennzeichen,fahrzeug) $\cup$ wert(typ,fahrzeug)
   $\xrightarrow{inkl}$ wert(kennzeichen,lkw) $\cup$ wert(typ,lkw)
wert(kennzeichen,fahrzeug) $\cup$ wert(typ,fahrzeug)
   $\xrightarrow{inkl}$ wert(kennzeichen,pkw) $\cup$ wert(typ,pkw)

Dieses Problem wird ebenso wie die Behandlung von ausschließenden Subtypen im Kapitel 4 genauer behandelt.

3.2.5 Zusammenfassung der abstrakten Abhängigkeiten von EER-Modellen

Die folgende Zusammenstellung gibt alle abstrakten Abhängigkeiten des EER-Modells in der Syntax wieder, in der sie von der Prolog-Implementierung verarbeitet werden. Für funktionale Abhängigkeiten wird in der Prolog-Notation der Operator –> verwendet, für Inklusionsabhängigkeiten <<. Die Kompaktheit dieser Spezifikation ist sicher einer der Vorteile des hier vorgestellten Ansatzes.

```
% Funktionale Abhängigkeiten
er:: objekttyp(T)  :: T => beschreibendes_merkmal(T).
er:: objekttyp(T)  :: +beschreibendes_merkmal(T) => T.
er:: objekttyp(T)  ::
     *rolle(T) & opt attribut(T,identifizierend) => T.
er:: b_typ(T)      ::
     +andere_rolle(R,T) & opt attribut(T,identifizierend)
           => einer_rolle(R,T).


% Inklusionsabhängigkeiten
er:: b_typ(T)        :: partizipierende_rolle(T,E,_) << E.
er:: b_typ(T)        :: E << partizipierende_rolle(T,E,total).
er:: e_typ(T)        :: rolle(T) << besitzer(T).
er:: gen([Gen,T])    ::
     +vererbtes_merkmal(T,Gen) << +merkmal_supertyp(T,Gen).
```

3.3 Spezifikation des NIAM-Modells

Eine Datenmodellierungsmethode, die in ihren Konzepten und Ausdrucksmitteln von der ER-Methode deutlich abweicht, ist NI-AM, Nijssens Information Analysis Methodology [NH89, LN88, VvB82]. Das zentrale Aufgabengebiet der NIAM-Methode ist die Entwicklung von konzeptionellen Datenmodellen. Dazu sieht die NIAM-Methode ein Vorgehensmodell mit der Bezeichung CSDP (engl.: Conceptual Schema Design Procedure) vor, nach der konzeptionelle Datenmodelle in neun Schritten entwickelt werden. Dabei werden Diagramme zur Darstellung der konzeptionellen Modelle, die in [NH89] CSD (engl.: Conceptual Schema Diagrams) genannt werden, schrittweise verfeinert. Neben der Datenmodellierung sieht NIAM auch die Funktionsmodellierung mit Datenflußdiagrammen (IFD, engl: Information Flow Diagrams) vor, die allerdings bei diesem Ansatz von nachrangiger Bedeutung sind.

In der weiteren Arbeit werden die Diagramme, die das resultierende konzeptionelle Schema beschreiben, jeweils als *„NIAM-Modelle"* oder *„NIAM-Diagramme"* bezeichnet.

NIAM-Modelle werden durch sog. elementare Sätze aufgebaut, die entweder zwei Objekttypen verbinden, wobei man von *Ideentypen* spricht, oder die einen Objekttyp mit einem beschreibenden Merkmal verknüpfen, wobei man von *Brückentypen* spricht. Eine kurze Gegenüberstellung von unterschiedlicher Terminologie in der NIAM-Literatur und in dieser Arbeit findet sich in Abbildung 3.17.

	Nijssen/Halpin	Verheijen/ v.Bekkum	in dieser Arbeit
Elementare Typen:	Entity Type	NOLOT	Objekttyp
	Label Type	LOT	Bezeichnertyp
Satztypen:	Reference Type	Bridge Type	Brückentyp
	Fact Type	Idea Type	Ideentyp

Abbildung 3.17: NIAM-Terminologie nach Nijssen/Halpin [NH89] und Verheijen/v.Bekkum [VvB82]

Wegen des binären Aufbaus der Satztypen wurde das NIAM-Modell auch als binäres Datenmodell bezeichnet. Die neueren Arbeiten [NH89] enthalten Erweiterungen, die erlauben, daß in einem Satztyp auch mehr als zwei Objekttypen auftreten können.

Im Gegensatz zu der ER-Methode, die stark an Entitätstypen und deren Attributen orientiert ist, basiert die Modellierung nach der NIAM-Methode vorwiegend auf der Modellierung von Satztypen (vgl. Beziehungstypen im ER-Modell) und auf der Formulierung von Einschränkungen über diese Satztypen. Diese Einschränkungen werden jeweils im folgenden bei der Formulierung der Eins-zu-eins-Repräsentation erklärt.

In dieser Arbeit wird das NIAM-Modell nach [NH89] implementiert, wobei hier nur binäre Satztypen behandelt werden. Weiters werden hier optionale Brückentypen nicht behandelt, da diese Nullwerte erzeugen würden. Ausschließende Untermengenbedingungen werden ebenfalls nicht behandelt.

Im folgenden Abschnitt wird – in ähnlicher Weise wie zuvor für die ER-Methode – eine Eins-zu-eins-Repräsentation von NIAM-Diagrammen in der Form von Prolog-Fakten präsentiert, wobei auch gleichzeitig die behandelten Konstrukte näher beschrieben werden. In einem weiteren Abschnitt werden dann die abstrakten Abhängigkeiten des NIAM-Modells definiert, die in späteren Kapiteln u.a. zur Konsistenzprüfung und Erzeugung von relationalen Schemata herangezogen werden.

3.3.1 Eins-zu-eins-Abbildung von NIAM-Diagrammen

In diesem Abschnitt wird die Information der graphischen Repräsentation von NIAM-Modellen in eine Eins-zu-eins-Abbildung in der Form von Prolog-Fakten übergeführt. Die Repräsentation orientiert sich wiederum an den Kanten der Graphik, für jedes Konstrukt wird ein Name eingeführt. Jeder NIAM-Satztyp wird durch zwei Fakten der beteiligten Rollen repräsentiert.

Die Schema-Information von NIAM-Diagrammen läßt sich durch folgende Relationsschemata (bzw. Prolog-Fakten) darstellen:

1. Eins-zu-eins-Abbildung von Objektrollen:
   ```
   objekt(Objekttyp,Satz,Rolle,Kard,Part)
   ```
   wobei `Objekttyp` den Namen des partizipierenden Objekttyps darstellt, `Satz` für den Namen des Satzes, `Rolle` für die Rollenbezeichnung, `Kard` für das Kardinalitätsverhältnis („*1*" oder „*n*"; bei [VvB82]: identifier constraint, bzw. intrafact uniqueness constraint bei [NH89]), und `Part` für die Partizipation („*vollständig*" oder „*partiell*") steht.

   Eins-zu-eins-Abbildung von Bezeichnerrollen:
   ```
   bezeichner(Bezeichner,Satz,Rolle,Kard)
   ```

wobei `Bezeichner` den Namen des Bezeichnertyps darstellt, `Satz` für den Namen des Satzes, `Rolle` für die Rollenbezeichnung, `Kard` für das Kardinalitätsverhältnis („*1*" oder „*n*") steht.

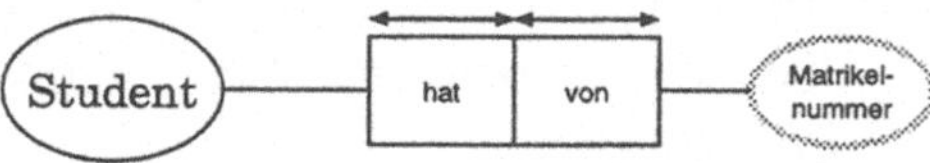

Abbildung 3.18: Brückentyp mit beidseitiger Identifikation

Dem Brückentyp in Abbildung 3.18 entspricht somit folgende Eins-zu-eins-Repräsentation:

```
bezeichner(matrikelnummer,
    student_matrikelnr,von,1).
objekt(student,
    student_matrikelnr,hat,1,vollständig).
```

Der Name des Satztyps war in diesem Beispieldiagramm nicht gegeben und wurde bei der Transformation in die relationale Repräsentation eingesetzt. Er kann ebenso – wie im Beispiel 3.19 – vom Modellierer im Diagramm vorgegeben werden oder kann durch einen beliebigen anderen eindeutigen Namen bestimmt werden (wie z.B. den Namen der beteiligten elementaren Typen, gemeinsam mit der Position des Satztyps in der Graphik). Da in dieser Arbeit keine Nullwerte behandelt werden, muß der Wert für die Beteiligung eines Objekttyps in einem Brückentyp „*vollständig*" sein (dies muß in der Graphik nicht eingetragen werden).

Die Pfeile über dem Satztyp geben an, welche Rolle(n) den Satztyp bestimmt(en). Im Beispiel 3.18 geben die beiden kurzen Pfeile ein Kardinalitätsverhältnis von „*1*" für beide beteiligten Rollen an, im nachfolgenden Beispiel in Abbildung 3.19 ist keine der Rollen alleine identifizierend, jede einzelne Rolle erhält das Kardinalitätsverhältnis „*n*". Rollen mit dem Kardinalitätsverhältnis „*1*" werden auch *determinierende* oder *identifizierende* Rollen genannt, jene mit dem Wert von „*n*" *nicht-determinierend*.

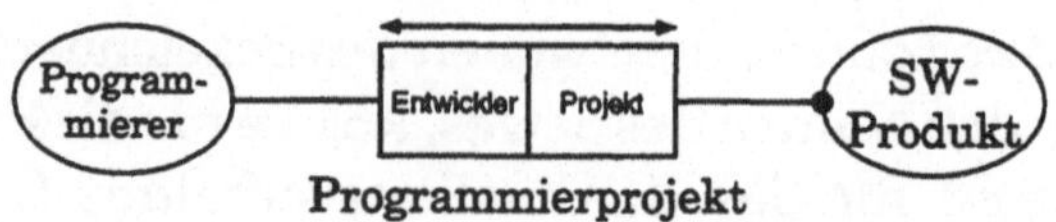

Programmierprojekt

Abbildung 3.19: Ideentyp mit nicht-determinierenden Rollen, der Objekttyp *SW-Produkt* partizipiert vollständig

Die Abbildung 3.19 zeigt einen Ideentyp, der folgender Eins-zu-eins-Repräsentation entspricht:

```
objekt(programmierer,
    programmierprojekt,entwickler,n,partiell).
objekt(sw_produkt,
    programmierprojekt,projekt,n,vollständig).
```

Die vollständige Partizipation eines Objekttyps in einem Ideentyp wird in der Graphik durch den schwarzen Punkt an der Berührungsstelle der Rollenkante am Objekttyp dargestellt.

2. Eins-zu-eins-Abbildung von Eindeutigkeitsbeschränkungen:
   `eindeutig(Objekttyp,Name_B,Satz,Rolle)`
   wobei `Objekttyp` den Namen des durch diese Eindeutigkeitsbeschränkung bestimmten Objekttyps darstellt, `Name_B` für den Namen der Beschränkung steht, und `Satz` und `Rolle` für den Namen die betroffene Rolle im Satztyp bestimmt.

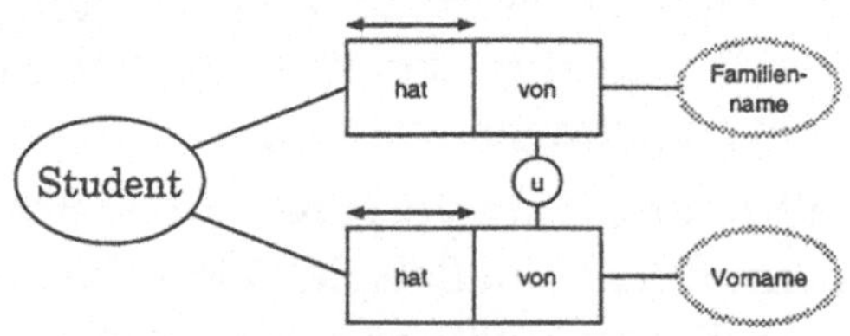

Abbildung 3.20: Eindeutigkeitseinschränkung zwischen Rollen unterschiedlicher Satztypen

Im Beispiel in Abbildung 3.20 wird definiert, daß *Familienname* und *Vorname* gemeinsam den Objekttyp Student identifizieren.

```
eindeutig(student,e1,stud_familiename,von).
eindeutig(student,e1,stud_vorname,von).
```

Die Verwendungsmöglichkeiten dieser Eindeutigkeitsbeschränkung sind limitiert und werden im nächsten Abschnitt bei den abstrakten Abhängigkeiten genauer diskutiert.

3. Eins-zu-eins-Abbildung von Untermengenbedingungen:
`satz_untermenge(Untermenge,Übermenge)`
wobei `Untermenge` und Übermenge jeweils Namen der betreffenden Satztypen darstellen.

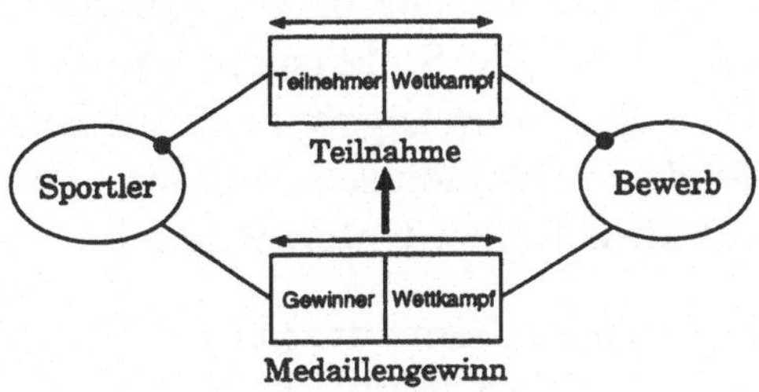

Abbildung 3.21: Satz-Untermengenbedingung

Der Ausschnitt des NIAM-Modells in Abbildung 3.21 definiert, daß jeder *Medaillengewinner* auch gleichzeitig *Teilnehmer* an einem *Bewerb* sein muß. Dies wird in der Eins-zu-eins-Repräsentation durch folgendes Faktum dargestellt:

```
satz_untermenge(medaillengewinn,teilnahme).
```

Die NIAM-Methode erlaubt neben Satz-Untermengenbedingungen weiters explizite Rollen-Untermengenbedingungen, deren Eins-zu-eins-Repräsentation folgenden Aufbau besitzt:

```
rollen_untermenge(RU,SU,RÜ,SÜ)
```

Dabei stellen `RU`, `SU`, `RÜ` und `SÜ` jeweils Namen der betreffenden Rollen (`R`) und Satztypen (`S`) der Untermengen (`U`) und der Übermenge (`Ü`) dar. Die verwendeten Rollen müssen jeweils mit dem gleichen Objekttyp verbunden sein.

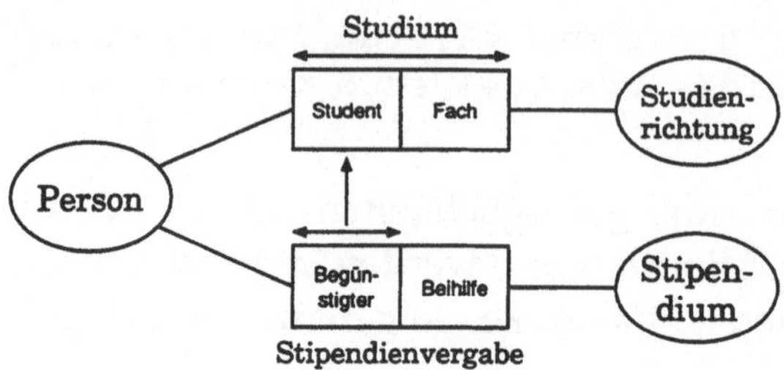

Abbildung 3.22: Explizite Rollen-Untermengenbedingung

Der Ausschnitt des NIAM-Modells in Abbildung 3.22 definiert, daß jeder *Begünstigte* eines *Stipendiums* auch *Student* sein muß, d.h. daß alle Rollenausprägungen von *Begünstigter* im Satztyp *Stipendienvergabe* auch im Satztyp *Studium* in der Rolle *Student* enthalten sein müssen. Folgendes Faktum repräsentiert diese Rollen-Untermengenbedingung.

```
rollen_untermenge(begünstigter,stipendienvergabe,
                  student,studium).
```

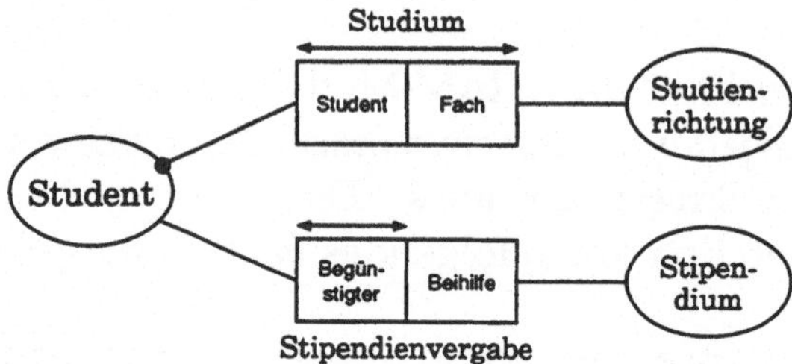

Abbildung 3.23: Implizite Rollen-Untermengenbedingung

Die Abbildung 3.23 zeigt eine implizite Rollen-Untermengenbedingung der gleichen Rollen. Da die Partizipation von *Student* im Satztyp *Studium* vollständig (obligatorisch) ist, und für die Rolle *Begünstigter* im Satztyp *Stipendienvergabe* nicht, ist die Rollen-Untermengenbeschränkung implizit gegeben.

Für implizite Rollen-Untermengenbeschränkungen existiert in der Eins-zu-eins-Abbildung kein zusätzliches Faktum, da ja die Untermengenbedingung aus der Partizipation der Objektrollen folgt.

4. Eins-zu-eins-Abbildung von Subtypenbildungen:
   `subtyp(Subtyp,Supertyp)`
   wobei `Subtyp` und `Supertyp` jeweils Namen der betreffenden Objekttypen darstellen.

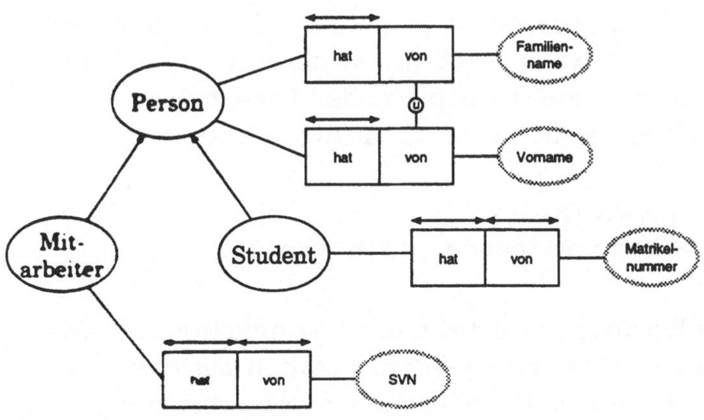

Abbildung 3.24: Subtypenbildung

Im Unterschied zu den Untermengenbedingungen bedeutet die Subtyp-Eigenschaft eines Objekttyps, daß von einem Supertyp die beschreibenden Merkmale an die Subtypen vererbt werden (vgl. Generalisierung im EER-Modell). Alle Ausprägungen eines Subtyps sind – wie bei der Generalisierung im EER-Modell – außerdem gleichzeitig Ausprägungen des Supertyps.

In der NIAM-Methode können mehrere Bedingungen zur näheren Bestimmung der Subtyp-Eigenschaft formuliert werden (wie z.B. sich gegenseitig ausschließende Subtypen, vollständige oder partielle Subtypenbildung). In dieser Arbeit werden diese Bedingungen (gleich der Behandlung der ER-Methode) nicht näher behandelt.

Die Subtyp-Eigenschaft des NIAM-Diagramms in der Abbildung 3.24 wird durch folgendes Faktum repräsentiert:

```
subtyp(student,person).
subtyp(mitarbeiter,person).
```

3.3.2   Die abstrakten Abhängigkeiten von NIAM-Modellen

(N-1) Tupel-Identifikator bestimmt die beschreibenden Rollen eines Objekttyps: Jeder Objekttyp des NIAM-Modells bestimmt funktional seine beschreibenden Rollen. Die beschreibenden Rollen ergeben sich entweder aus Brücken- oder aus Ideensatztypen, wobei diese Satztypen auf der betreffenden Objekttypen-Seite jeweils ein Kardinalitätsverhältnis von „*1*" aufweisen müssen.

```
niam:: objekt(X) ::
   X ⇒ beschreibende_rolle_von(X,_)
```

Die Objekttypen (`objekt` im Quantifikationsteil) lassen sich direkt aus der Eins-zu-eins-Repräsentation auslesen. Das Konzept der beschreibenden Rolle ist, wie zuvor beschrieben, über Brücken- bzw. Ideensatztypen mit einem Kardinalitätsverhältnis von „*1*" aufzufinden, wobei diese im Fall einer Generalisierung an die Subtypen vererbt werden. Nachstehend wird `beschreibende_rolle_von` mit zwei und vier Argumenten definiert, wobei im ersten Fall der Objekttyp und das Kardinalitätsverhältnis übergeben wird und im zweiten Fall noch Argumente für die Generalisierung mitgeführt werden. Das Prädikat `in_generalisierung` ist das gleiche, das auch für Generalisierungen im EER-Modell verwendet wurde (vgl. Seite 58).

```
objekt(X) ::- {objekt(X,_,_,_,_)}.

beschreibende_rolle_von(Objekt,K) ::=
    beschreibende_rolle_von(Objekt,Objekt,K,_).

beschreibende_rolle_von(Objekt,O,K,[]) ::= wert(B,O)::
    {objekt(Objekt,Satz,_,1,_),
     bezeichner(B,Satz,_,K,_)}.
beschreibende_rolle_von(Objekt,O,K,[]) ::= wert(B,O)::
    {objekt(Objekt,_,_,1,_),
```

```
    objekt(_,Objekt,B,K,_)}.

beschreibende_rolle_von(Objekt,O,K,Gen) ::=
    in_generalisierung(Objekt,Gen,S),
    beschreibende_rolle_von(S,O,K,_).
```

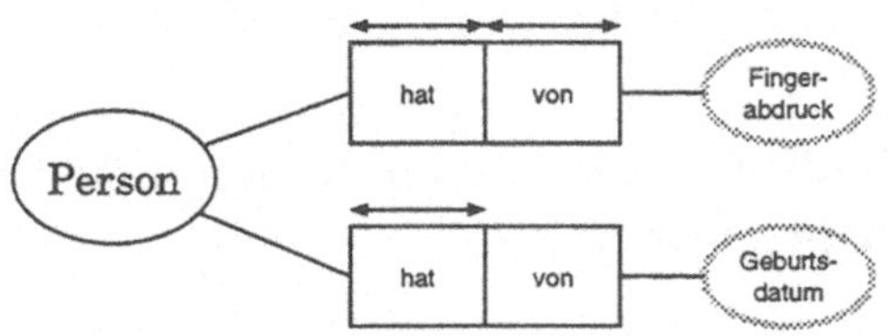

Abbildung 3.25: Beschreibende Merkmale eines Objekttyps

Aus dem Beispieldiagramm in Abbildung 3.25 und der abstrakten Abhängigkeit (N-1) ergeben sich die folgenden konkreten funktionalen Abhängigkeiten:

tupid(person) ⇒ *wert(fingerabdruck,person)*
tupid(person) ⇒ *wert(geburtsdatum,person)*

(N-2) Alle beschreibenden Rollen bestimmen den Tupel-Identifikator eines Objekttyps: Diese abstrakte Abhängigkeit ist eine Umkehrung der Abhängigkeit (N-1); alle beschreibenden Merkmale eines Objekttyps bestimmen gemeinsam den Objekttyp.

```
niam:: objekt(X) ::
    +beschreibende_rolle_von(X,_) ⇒ X
```

Die in dieser abstrakten Abhängigkeit verwendeten Prädikate wurden bereits zuvor definiert. Wird diese abstrakte Abhängigkeit auf das NIAM-Diagramm in Abbildung 3.25 angewendet, so läßt sich folgende weitere konkrete funktionale Abhängigkeit ableiten:

wert(fingerabdruck,person) ∪ *wert(geburtsdatum,person)* ⇒ *tupid(person)*

(N-3) Jede identifizierende beschreibende Rolle bestimmt den Tupel-Identifikator eines Objekttyps: Für jedes identifizierende beschreibende Merkmal eines Objekttyps existiert eine funktionale Abhängigkeit, die den Tupel-Identifikator des Objekttyps bestimmt.

```
niam:: objekt(X) ::
    beschreibende_rolle_von(X,1) ⇒ X
```

Aus der Abbildung 3.25 und der Abhängigkeit (N-3) folgt eine weitere funktionale Abhängigkeit:

$$wert(fingerabdruck,person) \Rightarrow tupid(person)$$

(N-4) Alle Rollen der Eindeutigkeitsbeschränkung bestimmen den gemeinsamen Objekttyp: Existiert in einem NIAM-Diagramm eine Eindeutigkeitsbeschränkung (engl.: uniqueness constraint), so wird ein gemeinsamer Objekttyp durch die Kombination aller bezeichneten Rollen bestimmt. Die Eindeutigkeitsbeschränkung ist jeweils nur für einen Tupel-Identifikator möglich, wodurch sie für eigenständige Satztypen (siehe weiter unten) nicht angewendet werden kann. In dieser Arbeit werden ausschließlich Eindeutigkeitsbeschränkungen über Rollen von Brückentypen behandelt.

```
niam:: eindeutigkeitsbeschränkung([GO,EB]) ::
    +rolle_eindeutigkeits_beschränkung(EB,GOG) ⇒
    objekt_in_gen(GO,GOG)
```

Die Eindeutigkeitsbeschränkung verknüpft ein gemeinsames Objekt mit beschreibenden Merkmalen. Existiert ein Subtyp eines Objekttyps, für den eine Eindeutigkeitsbeschränkung definiert ist, so wird diese Beschränkung gemeinsam mit den Attributen an die Subtypen vererbt.

```
eindeutigkeitsbeschränkung([GO,EB]) ::-
    {eindeutigkeitsbeschränkung(GO,EB,_,_)}.


rolle_eindeutigkeits_beschränkung(EB,GOG) ::=
```

```
    wert(UM,GOG) ::
    {eindeutigkeitsbeschränkung(_,EB,Satz,Rolle),
     bezeichner(UM,Satz,Rolle,_,_)}.

objekt_in_gen(GO,GO) ::= tupid(GO) :: {true}.
objekt_in_gen(GO,GOG) ::=
    in_generalisierung(S,_,GO),
    objekt_in_gen(S,GOG).
```

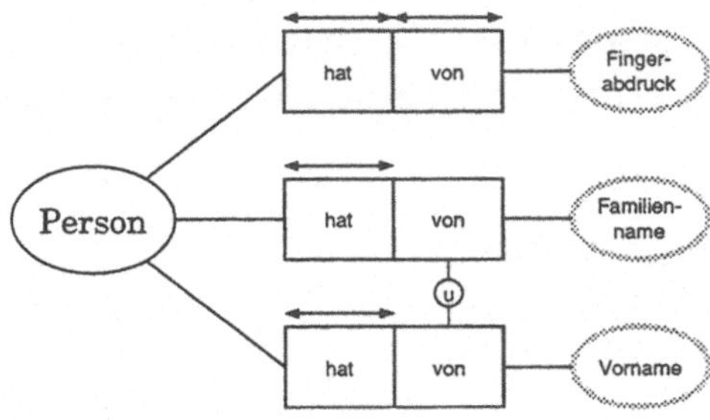

Abbildung 3.26: Eindeutigkeitseinschränkung zwischen Rollen unterschiedlicher Brückentypen

Aus der abstrakten Abhängigkeit (N-4) und dem NIAM-Modell in Abbildung 3.26 kann folgende konkrete funktionale Abhängigkeit abgeleitet werden:

$$wert(familienname,person) \cup wert(vorname,person) \Rightarrow tupid(person)$$

(N-5) Der Tupel-Identifikator eines eigenständigen Satztyps bestimmt alle Rollen des Satztyps: Ähnlich wie für Objekttypen existieren im NIAM-Modell auch Abhängigkeiten über Satztypen, wobei für den jeweiligen Satztyp ein Tupel-Identifikator eingeführt wird. Diese Satztypen werden *eigenständige Satztypen* genannt. Zu diesen gehören Ideensatztypen und jene Brückensatztypen, für die auf der Seite des Objekttyps eine Kardinalität von „n" gegeben ist. Dies sind also jene Brückensatztypen, die nicht vom Objekttyp bestimmt werden.

Die abstrakte Abhängigkeit (N-6) kann mit der Abhängigkeit
(N-1) verglichen werden, wobei anstelle des Objekttyps der eigenständige Satztyp verwendet wird.

```
niam:: eigenständiger_satz(S) ::
    S ⇒ satz_rolle(S,_,_,_)
```

Nachfolgend sind die verwendeten Prädikate aufgeführt, wobei
die Prädikate `ideentyp` und `unbest_bezeichner` direkt aus der
Eins-zu-eins-Repräsentation abgeleitet werden können. Das Prädikat `satz_rolle` ermittelt für einen Satztyp die Bezeichnungen der
Rollenattribute.

```
eigenständiger_satz(S) ::-
    ideentyp(S);
    unbest_bezeichner(S).

ideentyp(Satz) ::-
    {objekt(_,Satz,R1,_,_),objekt(_,Satz,R2,_,_),
    R1\==R2}.

unbest_bezeichner(S)    ::-
    {objekt(_,S,_,n,_),bezeichner(_,S,_,_,_)}.

satz_rolle(Satz,O,K,P) ::= wert(Rolle,Satz) ::
    {objekt(O,Satz,Rolle,K,P)}.
satz_rolle(Satz,B,K,P) ::= wert(B,Satz) ::
    {bezeichner(B,Satz,_,K,P)}.
```

Im Beispielmodell in Abbildung 3.27 sind *Wohnadresse, beschäftigt, Projekt von* und *Firmentelefon* jeweils eigenständige Satztypen .
Der Brückensatztyp *Firmentelefon* ist ein eigenständiger Satztyp , da
der Objekttyp *Firma* den Bezeichner *Telefonnummer* nicht bestimmt
(das Modell erlaubt, daß eine Firma mehrere Telefonnummern besitzen darf).

Aus der abstrakten Abhängigkeit (N-5) und dem NIAM-Modell
in Abbildung 3.27 können die folgenden konkreten funktionalen
Abhängigkeiten abgeleitet werden:

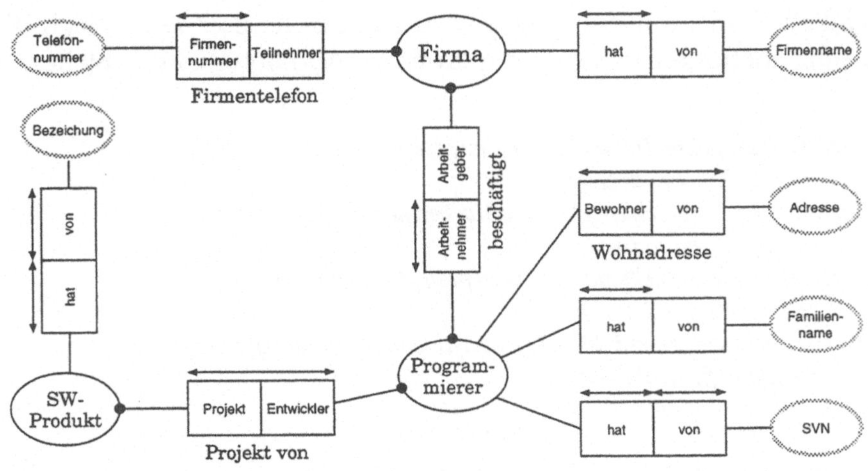

Abbildung 3.27: NIAM-Modell mit eigenständigen Satztypen

tupid(beschäftigt) ⇒ *wert(arbeitgeber,beschäftigt)*
tupid(beschäftigt) ⇒ *wert(arbeitnehmer,beschäftigt)*
tupid(firmentelefon) ⇒ *wert(teilnehmer,firmentelefon)*
tupid(firmentelefon) ⇒ *wert(telephonnummer,firmentelefon)*
tupid(projekt_von) ⇒ *wert(entwickler,projekt_von)*
tupid(projekt_von) ⇒ *wert(projekt,projekt_von)*
tupid(wohnadresse) ⇒ *wert(adresse,wohnadresse)*
tupid(wohnadresse) ⇒ *wert(hat,wohnadresse)*

(N-6) Alle Rollen eines eigenständigen Satztyps bestimmen gemeinsam den Tupel-Identifikator des Satztyps: Diese abstrakte Abhängigkeit ist die Umkehrung der abstrakten Abhängigkeit (N-5), vergleichbar mit der Abhängigkeit (N-2) für Objekttypen. Alle Rollen eines eigenständigen Satztyps werden zur Bestimmung des Tupel-Identifikators aggregiert.

```
niam:: eigenständiger_satz(S) ::
    +satz_rolle(S,_,_,_) ⇒ S
```

Die Definitionen der Prädikate für die Abhängigkeit (N-5) reichen auch für diese Abhängigkeit aus. Aus der abstrakten Abhängigkeit (N-6) und dem Beispiel in Abbildung 3.27 lassen sich die nachstehenden konkreten funktionalen Abhängigkeiten ableiten.

wert(adresse,wohnadresse) ∪ *wert(hat,wohnadresse)*
     ⇒ *tupid(wohnadresse)*
wert(arbeitgeber,beschäftigt) ∪ *wert(arbeitnehmer,beschäftigt)*
     ⇒ *tupid(beschäftigt)*
wert(entwickler,projekt_von) ∪ *wert(projekt,projekt_von)*
     ⇒ *tupid(projekt_von)*
wert(teilnehmer,firmentelefon) ∪ *wert(telephonnummer,firmentelefon)*
     ⇒ *tupid(firmentelefon)*

(N-7) Die identifizierende Rolle eines eigenständigen Satztyps bestimmt dessen Tupel-Identifikator: Ähnlich wie für identifizierende Bezeichner in der abstrakten Abhängigkeit (N-3) für Objekttypen gilt auch für eigenständige Satztypen, daß eine identifizierende Rolle den Tupel-Identifikator bestimmt.

```
niam:: eigenständiger_satz(S) ::
    satz_rolle(S,_,1,_) ⇒ S
```

Aus der abstrakten Abhängigkeit (N-7) und dem NIAM-Modell in Abbildung 3.27 ergeben sich folgende zwei konkrete funktionale Abhängigkeiten:

wert(arbeitnehmer,beschäftigt) ⇒ *tupid(beschäftigt)*
wert(telephonnummer,firmentelefon) ⇒ *tupid(firmentelefon)*

(N-8) Die nicht-determinierenden Satzrollen eines Brückensatztyps müssen in den betreffenden Objekttypen enthalten sein: Für die eigenständigen Brückensatztypen müssen die Rollen der Objekt-Seite des Satztyps in der Gesamtmenge der Objekttypen enthalten sein.[6]

---

[6]Dieses Konstrukt ist mit mehrwertigen Attributen im ER-Modell [EN89] vergleichbar.

```
niam:: brückentyp(S) ::
    nicht_det_satz_rolle(S,O) ──inkl→ O
```

In dieser abstrakten Inklusionsabhängigkeit werden die Prädikate `brückentyp` und `nicht_det_satz_rolle` erstmalig verwendet. In beiden Fällen kann die entsprechende Information direkt aus der Eins-zu-eins-Repräsentation abgeleitet werden.

```
brückentyp(Satz) ::-
    {objekt(_,Satz,_,_,_),bezeichner(_,Satz,_,_,_)}.
```

```
nicht_det_satz_rolle(Satz,O) ::= wert(Rolle,Satz) ::
    {objekt(O,Satz,Rolle,n,_)}.
```

Im Beispiel in der Abbildung 3.27 sind die eigenständigen Brückensatztypen *Wohnadresse* und *Firmentelefon* enthalten. Für diese ergeben sich aus der abstrakten Inklusionsabhängigkeit (N-8) folgende konkrete Inklusionsabhängigkeiten:

wert(hat,wohnadresse) ──inkl→ *tupid(programmierer)*

wert(teilnehmer,firmentelefon) ──inkl→ *tupid(firma)*

(N-9) Die Satzrollen eines Ideensatztyps müssen in den betreffenden Objekttypen enthalten sein: Für jeden Ideensatz gilt, daß dessen Rollen jeweils in der Gesamtmenge der betreffenden Objekttypen enthalten sind.

```
niam:: ideentyp(S) ::
    satz_rolle(S,O,_,_) ──inkl→ O
```

Das Prädikat `satz_rolle` wurde bereits zuvor bei der Abhängigkeit (N-5) definiert. Hier wird es verwendet, um die zu einem Satztyp gehörigen Objekttypen zu ermitteln, in denen die jeweilige Satzrolle enthalten sein muß.

Folgende konkrete Inklusionsabhängigkeiten werden aus der abstrakten Abhängigkeit (N-9) und dem NIAM-Modell in der Abbildung 3.27 abgeleitet:

$wert(arbeitgeber,beschäftigt) \xrightarrow{inkl} tupid(firma)$

$wert(arbeitnehmer,beschäftigt) \xrightarrow{inkl} tupid(programmierer)$

$wert(entwickler,projekt\_von) \xrightarrow{inkl} tupid(programmierer)$

$wert(projekt,projekt\_von) \xrightarrow{inkl} tupid(sw\_produkt)$

(N-10) Die vollständig partizipierenden Objekttypen müssen in den betreffenden Satzrollen eines Ideensatztyps enthalten sein: Für vollständig partizipierende Objekttypen kann die abstrakte Inklusionsabhängigkeit (N-9) umgekehrt werden: alle vollständig partizipierenden Objekttypen müssen auch in den betreffenden Rollenwerten enthalten sein.

```
niam:: ideentyp(S) ::
    O ──inkl─→ satz_rolle(S,O,_,vollständig)
```

Aus der abstrakten Inklusionsabhängigkeit (N-10) und dem NIAM-Modell in der Abbildung 3.27 werden somit folgende konkrete Inklusionsabhängigkeiten abgeleitet:

$tupid(firma) \xrightarrow{inkl} wert(arbeitgeber,beschäftigt)$

$tupid(programmierer) \xrightarrow{inkl} wert(arbeitnehmer,beschäftigt)$

$tupid(programmierer) \xrightarrow{inkl} wert(entwickler,projekt\_von)$

$tupid(sw\_produkt) \xrightarrow{inkl} wert(projekt,projekt\_von)$

(N-11) Die in einer Generalisierung vererbten, beschreibenden Merkmale eines Subtyps müssen im Supertyp enthalten sein: In einer Generalisierung werden die beschreibenden Merkmale des Supertyps an die Subtypen vererbt. Da jede Ausprägung eines Subtyps auch im Supertyp enthalten sein muß, muß auch die Kombination der Ausprägungen aller geerbten Merkmale des Subtyps im Supertyp enthalten sein. Die Behandlung der Generalisierung erfolgt für das NIAM-Modell somit in gleicher Weise wie zuvor für das EER-Modell (vgl. Abhängigkeit (E-8)). Es existieren die gleichen alternativen Abbildungsmöglichkeiten, die bei der Generalisierung im EER-Modell diskutiert wurden.

```
niam:: gen([Gen,T]) ::
    +beschreibende_rolle_von(T,T,_,Gen)  inkl→
    +beschreibende_rolle_supertyp(T,T,_,Gen)
```

Diese abstrakte Inklusionsabhängigkeit wird auf jeden Subtyp T einer Generalisierung Gen angewendet. Das in der Definition verwendete Prädikat gen wurde bereits bei der Spezifikation des EER-Modells erklärt (vgl. abstrakte Abhängigkeit (E-8) auf Seite 65). Das Prädikat beschreibende_rolle_von wurde ebenfalls bereits zuvor bei der Abhängigkeit (N-1) definiert. Durch das neu auftretende Prädikat beschreibende_rolle_supertyp werden die beschreibenden Merkmale des Supertyps ermittelt.

```
beschreibende_rolle_supertyp(T,Gen) ::=
    in_generalisierung(T,Gen,P),
    beschreibende_rolle_von(P,P,_,_).
```

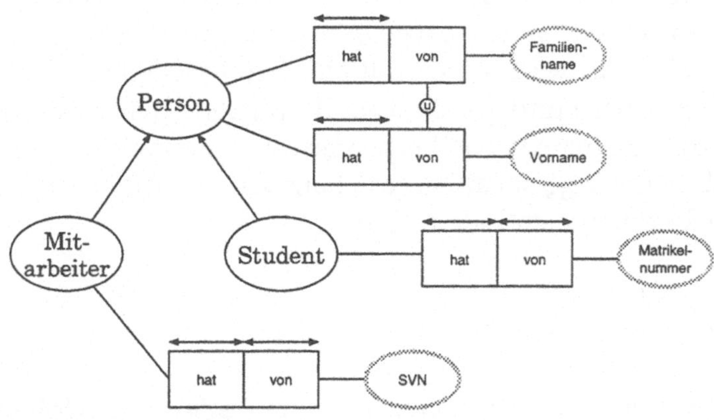

Abbildung 3.28: Vererbung von beschreibenden Merkmalen in einer Generalisierung

Im NIAM-Modell in Abbildung 3.28 werden die Bezeichner *Familienname* und *Vorname* vom Objekttyp *Person* an die Subtypen *Mitarbeiter* und *Student* vererbt. Dadurch ergeben sich aus der Abhängigkeit (N-11) folgende konkrete Inklusionsabhängigkeiten:

wert(familienname,mitarbeiter) ∪ *wert(vorname,mitarbeiter)* inkl→

$$wert(familienname,person) \cup wert(vorname,person)$$

$$wert(familienname,student) \cup wert(vorname,student) \xrightarrow{inkl}$$
$$wert(familienname,person) \cup wert(vorname,person)$$

Im Zusammenhang mit der Vererbung ist hier zu beachten, daß neben den beschreibenden Merkmalen auch die Eindeutigkeitsbeschränkungen zwischen diesen (hier *Familienname* und *Vorname*) vererbt werden müssen. Diese Vererbung erfolgt durch die zuvor beschriebene Abhängigkeit (N-4) und erzeugt für das Beispiel die nachstehend angeführten konkreten funktionalen Abhängigkeiten.

$$wert(familienname,mitarbeiter) \cup wert(vorname,mitarbeiter)$$
$$\Rightarrow tupid(mitarbeiter)$$
$$wert(familienname,student) \cup wert(vorname,student)$$
$$\Rightarrow tupid(student)$$

(N-12) Die Satztypen einer Satz-Untermenge müssen in der Übermenge enthalten sein: Satz-Untermengenbedingungen dürfen ausschließlich für Ideentypen mit gleichen beteiligten Objekttypen (zu beiden Seiten) und gleichen Kardinalitätsverhältnissen angegeben werden. Es genügt zu überprüfen, ob die Tupel-Identifikatoren des als Untermenge spezifizierten Satztyps im Satztyp der spezifizierten Übermenge enthalten sind.

```
niam:: ideentyp(S) ::
    satz_untermenge(S,S1) ──inkl──► S1
```

Die Definition des Prädikats `satz_untermenge` erfolgt unmittelbar auf Basis der Eins-zu-eins-Repräsentation. Es wird aus dem Faktum der Name des Supertyps ermittelt, der auf der rechten Seite der abstrakten Inklusionsabhängigkeit eingesetzt wird.

```
satz_untermenge(Satz,SuperSatz) ::= tupid(Satz) ::
    {satz_untermenge(Satz,SuperSatz)}.
```

Aus dem NIAM-Modell in Abbildung 3.29 und der abstrakten Inklusionsabhängigkeit (N-12) ergibt sich folgende abgeleitete Inklusionsabhängigkeit:

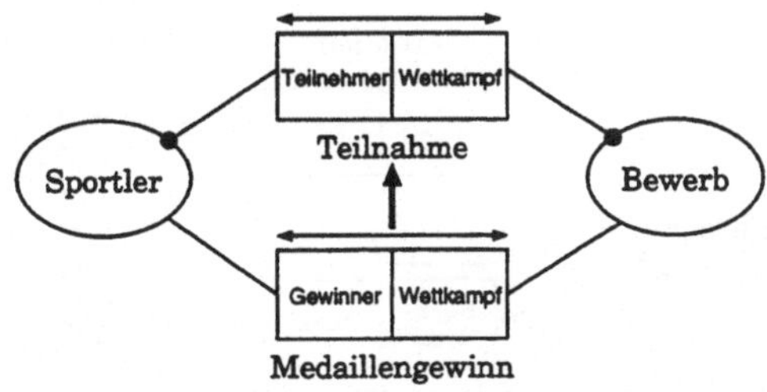

Abbildung 3.29: Satz-Untermengenbedingung

tupid(medaillengewinn) $\xrightarrow{inkl}$ *tupid(teilnahme)*

(N-13) Die Rollenausprägungen einer expliziten Rollen-Untermenge müssen in der Übermenge enthalten sein: Die explizite Rollen-Untermengenbedingung definiert, daß alle Ausprägungen einer Rolle in den Rollenwerten einer Rolle eines anderen Satztyps inkludiert sein müssen. Die betreffenden Rollen müssen jeweils mit dem gleichen Objekttyp verbunden sein. Es werden in dieser Arbeit nur explizite Rollen-Untermengenbedingungen zwischen Ideensatztypen behandelt. Für implizite Rollen-Untermengenbedingungen (vgl. Abbildung 3.23 auf Seite 74) sind keine zusätzlichen Inklusionsabhängigkeiten notwendig.

```
niam:: ideentyp(S) ::
    rollen_untermenge(S,R)  ─inkl→  R
```

Bei der Definition von `rollen_untermenge` ist zu beachten, daß für einen Satztyp im ersten Argument bereits unmittelbar im zweiten Argument die Entsprechung im abstrakten konzeptionellen Modell in der Form `wert(A,T)` ermittelt wird, die in die rechte Seite der abstrakten Inklusionsabhängigkeit eingesetzt wird.

```
rollen_untermenge(S,wert(A2,T2)) ::= wert(A,S) ::
    {rollen_untermenge(A,S,A2,T2)}.
```

Aus dem Beispieldiagramm in Abbildung 3.30 und der Abhängigkeit (N-12) wird folgende konkrete Inklusionsabhängigkeit abgeleitet:

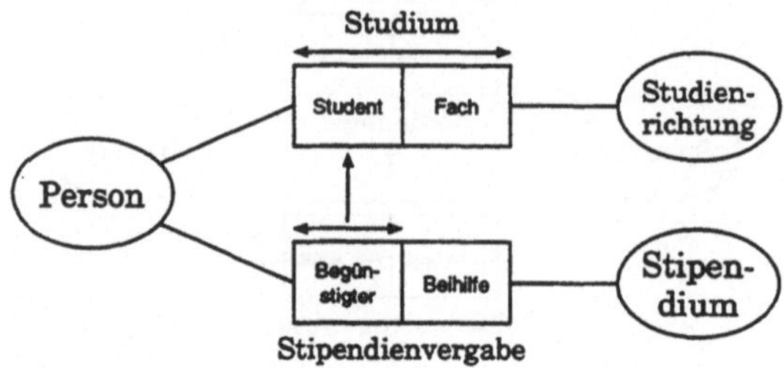

Abbildung 3.30: Explizite Rollen-Untermengenbedingung

$$\textit{wert(begünstigter,stipendienvergabe)} \xrightarrow{\textit{inkl}} \textit{wert(student,studium)}$$

Es ist zu beachten, daß abgesehen von Attributvererbungen in Generalisierungen die Rollen-Untermengenbedingung das einzige Beispiel einer Inklusionsabhängigkeit ist, das nicht zwingend schlüsselbasiert ist.

3.3.3 Zusammenfassung der abstrakten Abhängigkeiten von NIAM-Modellen

Die folgende Zusammenstellung gibt alle abstrakten Abhängigkeiten des NIAM-Modells in der Syntax wieder, in der sie von der Prolog-Implementierung verarbeitet werden.

```
% Funktionale Abhängigkeiten
niam:: objekt(X) :: X => beschreibende_rolle_von(X,_).
niam:: objekt(X) :: +beschreibende_rolle_von(X,_) => X.
niam:: objekt(X) :: beschreibende_rolle_von(X,1) => X.
niam:: eindeutigkeitsbeschränkung([GO,EB]) ::
        +rolle_eindeutigkeits_beschränkung(EB,GOG)
            => objekt_in_gen(GO,GOG).
niam:: eigenständiger_satz(S) :: S => satz_rolle(S,_,_,_).
niam:: eigenständiger_satz(S) :: +satz_rolle(S,_,_,_) => S.
niam:: eigenständiger_satz(S) :: satz_rolle(S,_,1,_) => S.


% Inklusionsabhängigkeiten
niam:: brückentyp(S) :: nicht_det_satz_rolle(S,O) << O.
niam:: ideentyp(S) :: satz_rolle(S,O,_,_) << O.
```

```
niam:: ideentyp(S) :: O << satz_rolle(S,O,_,vollständig).
niam:: gen([Gen,T]) ::
       +beschreibende_rolle_von(T,T,_,Gen) <<
       +beschreibende_rolle_supertyp(T,Gen).
niam:: ideentyp(S) :: satz_untermenge(S,S1) << S1.
niam:: ideentyp(S) :: rollen_untermenge(S,R) << R.
```

Kapitel 4

Verwendung der funktionalen Abhängigkeiten und der Inklusionsabhängigkeiten zur Datenprüfung in konzeptionellen Modellen

In diesem Abschnitt wird beschrieben, wie die abgeleiteten Abhängigkeiten in einer Prototyping-Umgebung für konzeptionelle Datenmodelle zur Prüfung von Testdaten verwendet werden können. Diese Prüfung kann gleichzeitig zur Validierung des konzeptionellen Modells herangezogen werden. Im nächsten Kapitel wird u.a. gezeigt, wie die abgeleiteten Abhängigkeiten in SQL umgesetzt werden können.

Durch die Rückführung von konzeptionellen Datenmodellen auf die erwähnten Abhängigkeiten ist es möglich, unabhängig von der gewählten Modellierungssprache die Datenprüfung durchzuführen. Weiters wird in diesem Abschnitt gezeigt, daß die Datenprüfung auch unabhängig von unterschiedlichen Abbildungen des konzeptionellen Modells in relationale Datenbankschemata erfolgen kann. Zu diesem Zweck wird hier eine sog. allgemeine Datenrepräsentation vorgestellt, die für die Speicherung von Daten in konzeptionellen Datenmodellen gut geeignet ist. Die allgemeine Datenrepräsentation erlaubt beispielsweise, daß Ausprägungen für einzelne Attributwerte leicht hinzugefügt oder verändert werden können. Die Ausprägungen werden in der allgemeinen Datenrepräsentation sowohl zu den jeweiligen Objekttypen als auch zu den Konstruktionselementen des konzeptionellen Schemas zugeordnet. Die gleiche Datenrepräsentation wurde bereits in [KN92a] und [KN92b] angewendet. Rumbaugh et. al. beschreiben unabhängig von unseren Arbeiten einen sehr ähnlichen Ansatz für die Speicherung von Objektmodellen in relationalen Datenbanken.

Im Kontext der logischen Programmierung kann die Datenprüfung auf die Ableitung einer Inkonsistenz zurückgeführt werden. Die Daten sind in bezug auf eine Menge von Abhängigkeiten inkonsistent, wenn eine der funktionalen Abhängigkeiten oder Inklusionsabhängigkeiten verletzt ist.

Alle abgeleiteten Abhängigkeiten wurden auf Basis der Konzepte

- `tupid(Objekttyp)` und

- `wert(Merkmal,Objekttyp)`

im vorhergehenden Abschnitt definiert. In der Datenrepräsentation von Anwendungsdaten kommt nun als weiteres Element die *Ausprägung* hinzu.

Die allgemeine Datenrepräsentation ist ein Relationsschema der Form

```
ausprägung(Merkmal,Objekttyp,Tupid,Wert)
```

wobei für jede einzelne Datenausprägung ein Faktum dieser Form vorliegt. Die ersten beiden Argumente von `ausprägung` beziehen sich auf die Schema-Information, das dritte Argument enthält

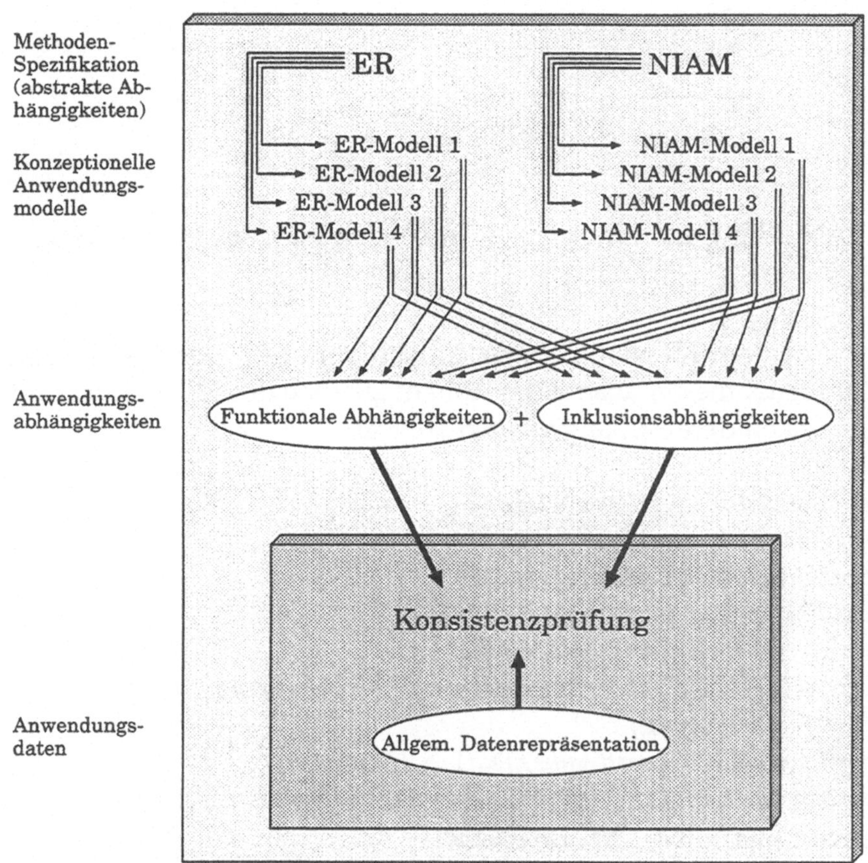

Abbildung 4.1: Konsistenzprüfung in konzeptionellen Datenmodellen

jeweils den künstlichen Tupel-Identifikator. Da der Tupel-Identifikator systemweit eindeutig ist, kann er verwendet werden, um alle Ausprägungen für ein konkretes Objekt zu einem Tupel zu aggregieren.

Die allgemeine Datenrepräsentation erlaubt die Behandlung von Nullwerten (für ein beschreibendes Merkmal liegt keine Ausprägung vor) und von mehrwertigen Merkmalen (mehrere Ausprägungen mit identischen ersten drei Argumenten und unterschiedlichen Werten im letzten Argument).

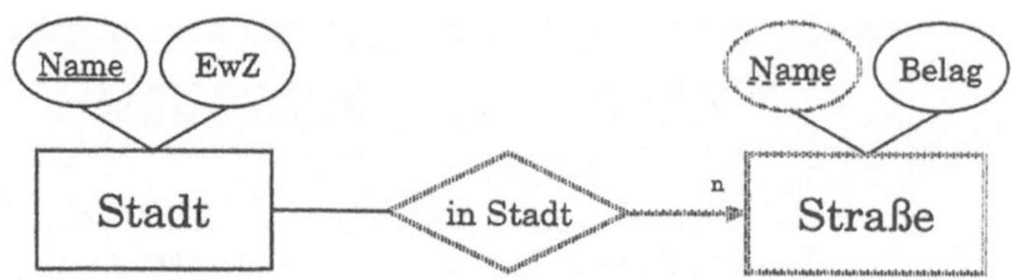

Abbildung 4.2: Ein Beispiel-ER-Modell mit dem Namen `bsp1`

Aus dem ER-Modell `bsp1` in Abbildung 4.2 lassen sich unter Zuhilfenahme der abstrakten Abhängigkeiten des EER-Modells folgende konkrete Abhängigkeiten ableiten:

$tupid(stadt) \Rightarrow wert(ewz,stadt)$

$tupid(stadt) \Rightarrow wert(name,stadt)$

$tupid(straße) \Rightarrow wert(belag,straße)$

$tupid(straße) \Rightarrow wert(in\_stadt,straße)$

$tupid(straße) \Rightarrow wert(name,straße)$

$wert(belag,straße) \cup wert(in\_stadt,straße) \cup wert(name,straße)$
　　　$\Rightarrow tupid(straße)$

$wert(ewz,stadt) \cup wert(name,stadt) \Rightarrow tupid(stadt)$

$wert(in\_stadt,straße) \cup wert(name,straße) \Rightarrow tupid(straße)$

$wert(in\_stadt,straße) \xrightarrow{inkl} tupid(stadt)$

Angenommen, es existiert eine Stadt *st1* mit dem Namen *Wien*, und in der Stadt Wien gibt es eine Straße *s1* mit dem Namen *Hauptstraße*. Weiters gibt es eine Stadt *st2* mit dem Namen *Linz* und mit den Straßen *s2* und *s3* mit den Namen *Wienerstraße* und *Hauptstraße*. Es ist zu überprüfen, ob diese Daten aufgrund der abgeleiteten Abhängigkeiten gültig oder inkonsistent mit dem Schema sind. Diese Angaben entsprechen folgenden Fakten in der allgemeinen Datenrepräsentation:

```
ausprägung(name,stadt,st1,wien).
ausprägung(name,straße,s1,hauptstraße).
ausprägung(in_stadt,straße,s1,st1).

ausprägung(name,stadt,st2,linz).
```

```
ausprägung(name,straße,s2,hauptstraße).
ausprägung(in_stadt,straße,s2,st2).

ausprägung(name,straße,s3,wienerstraße).
ausprägung(in_stadt,straße,s3,st2).
```

Um für mehrere unterschiedliche Anwendungsprobleme die Daten gemeinsam halten zu können, wird hier ein Präfix der Form *Beispielname* :: verwendet. Für das Beispiel `bsp1` haben die Ausprägungsfakten somit folgenden Aufbau:

```
bsp1:: ausprägung(name,stadt,st1,wien).
bsp1:: ausprägung(name,straße,s1,hauptstraße).
...
```

4.1 Ein Prolog-Programm zur Konsistenzprüfung

Ein Programm zur Prüfung der Konsistenz erhält als Eingabeargumente (1) die Methode und (2) den Namen des konzeptionellen Anwendungsmodells und versucht, eine Inkonsistenz festzustellen. Aus dem Methodennamen (z.B. eer) und dem Namen eines Anwendungsmodells (z.B. `bsp1`) werden konkrete Abhängigkeiten abgeleitet. In einem weiteren Schritt wird überprüft, ob diese abgeleiteten Abhängigkeiten verletzt werden. In den letzten beiden Argumenten (den Argumenten (3) und (4)) von überprüfe werden bei einer Verletzung der Integrität die verletzte Abhängigkeit und die inkonsistenten Daten ausgegeben.

```
überprüfe(Methode,Anwendung, Abhängigkeit,V) :-
    abhängigkeit(Methode,Anwendung,Abhängigkeit),
    abhängigkeit_verletzt(Anwendung,Abhängigkeit,V).

abhängigkeit(Methode,Anwendung,FD) :-
    abgeleitete_fd(Methode,Anwendung,FD).
abhängigkeit(Methode,Anwendung,ID) :-
    abgeleitete_id(Methode,Anwendung,ID).
```

Die abgeleitete Abhängigkeit ist entweder eine funktionale Abhängigkeit, die durch das Prädikat `abgeleitete_fd/3` ermittelt wird, oder eine Inklusionsabhängigkeit (ermittelt durch das Prädikat `abgeleitete_id/3`).

Eine funktionale Abhängigkeit $X \Rightarrow Y$ ist verletzt, wenn zwei Tupel existieren, die gleiche Werte für X und unterschiedliche Werte für Y aufweisen (vgl. Abschnitt 2.1). Zwei Tupel mit gleichen Werten für X existieren genau dann, wenn die Werte für Tupel T1 und Tupel T2 in den Elementen von X gleich sind, und T1 und T2 unterschiedlich sind. Auf gleiche Weise erfolgt auch die Definition für zwei Tupel mit unterschiedlichen Werten.

Die zu prüfende Abhängigkeit kann auch eine Inklusionsabhängigkeit sein: Eine Inklusionsabhängigkeit $X \xrightarrow{inkl} Y$ ist verletzt, wenn Werte für X existieren, die nicht in Y enthalten sind. Es ist dabei nicht notwendig, die Menge aller Werte X oder Y zu ermitteln.

```
abhängigkeit_verletzt(Anw, X=>Y, W=>W1/W2) :-
    zwei_tupel_mit_gleichem(Anw,X,T1,T2,W),
    zwei_tupel_mit_unterschiedl(Anw,Y,T1,T2,W1,W2).

abhängigkeit_verletzt(Anw, X<<Y, T/W) :-
    werte(Anw,X, T,W),
    \+ werte(Anw,Y, _,W).

zwei_tupel_mit_gleichem(Anw,X, T1,T2,Werte) :-
    werte(Anw,X, T1,Werte),
    werte(Anw,X, T2,Werte),
    T1 @< T2.
zwei_tupel_mit_unterschiedl(Anw,X, T1,T2,W1,W2) :-
    werte(Anw,X, T1,W1),
    werte(Anw,X, T2,W2),
    T1 @< T2, W1 \== W2.
```

Die Ungleichheit von zwei Tupel-Identifikatoren wird hier durch den Vergleichstest auf *kleiner* durchgeführt, um den Lösungsraum zu halbieren. Bei einem gewöhnlichen Ungleichheitstest würde jede Lösung der Form „*Werte für X in Tupel t_1 und t_2 ungleich*" auch eine weitere Lösung der Form „*Werte für X in Tupel t_2 und t_1 ungleich*" implizieren, die keine neue relevante Information enthält und so eliminiert wird.

Obige Prolog-Klauseln verwenden zur Ermittlung der Ausprägungen das Prädikat `werte/4`, das auf die allgemeine Datenrepräsentation zugreift und jeweils für ein Tupel (drittes Argument) die Ausprägungen für die im zweiten Argument spezifizierten Elemente des konzeptionellen Modells ermittelt.

```
werte(_,[],_,[]).
werte(Anw,[wert(A,T)|Atts],Tup,[X|Xs]) :-
    (Anw::ausp(A,T,Tup,X)),
    werte(Anw,Atts,Tup,Xs).
werte(Anw,[tupid(T)|Atts],Tup,[Tup|Xs]) :-
    unique(Tup,[B,W]^(Anw::ausp(B,T,Tup,W)),Tup),
    werte(Anw,Atts, Tup,Xs).
```

Das Prädikat `unique/3` wird in der letzten Klausel verwendet, um auch hier Mehrfachlösungen zu eliminieren.

Wird durch das Prädikat `überprüfe/4` die Konsistenz obiger Daten für `bsp1` geprüft, so ergibt sich keine Integritätsverletzung. Es werden weitere Testdaten hinzugefügt: Es gibt eine Straße *s4* mit dem Namen *„Hauptstraße"* in der Stadt *st2* und weiters eine Straße *s3* mit der Bezeichnung *Wienerstraße* in der Stadt *st3*.

```
bsp1:: ausprägung(name,straße,s4,hauptstraße).
bsp1:: ausprägung(in_stadt,straße,s4,st2).

bsp1:: ausprägung(name,straße,s3,wienerstraße).
bsp1:: ausprägung(in_stadt,straße,s3,st3).
```

Eine neuerliche Überprüfung ermittelt folgende Inkonsistenzen:

- In der Stadt Linz existieren nun zwei Straßen mit der Bezeichnung *„Hauptstraße"*, wodurch die funktionale Abhängigkeit

$$wert(in\_stadt,straße) \cup wert(name,straße) \Rightarrow tupid(straße)$$

verletzt ist, da für die Tupel-Identifikatoren *s2* und *s4* gleiche linke Seiten der Abhängigkeit existieren.

- Es existiert nun eine Straße mit der Bezeichnung „*Wiener-straße*" in einer Stadt *st3*, die nicht im Objekttyp *Stadt* enthalten ist. Dadurch ist die Inklusionsabhängigkeit

$$wert(in\_stadt,straße) \xrightarrow{inkl} tupid(stadt)$$

und somit die referentielle Integrität verletzt.

4.2   Prüfung von Daten und Schema durch die abgeleiteten Abhängigkeiten

Wie im letzten Abschnitt gezeigt wurde, können die abgeleiteten funktionalen Abhängigkeiten und Inklusionsabhängigkeiten verwendet werden, um zu überprüfen, ob Daten in der allgemeinen Datenrepräsentation zu diesen konsistent sind. In diesem Abschnitt wird anhand der EER-Methode erläutert, wie auch die Konsistenz des Schemas durch dieselben Abhängigkeiten geprüft werden kann. Zu diesem Zweck wird wiederum das Meta-EER-Diagramm (Abbildung 3.11) herangezogen.

Werden für das Meta-EER-Diagramm Daten in der allgemeinen Datenrepräsentation angegeben, so beschreiben diese ein Anwendungs-EER-Diagramm. Das Meta-EER-Diagramm kann nun verwendet werden, um zu überprüfen, ob das Anwendungs-EER-Diagramm ein gültiges EER-Diagramm ist (ob die vergebenen Namen die Objekttypen bestimmen, etc.). Diese Überprüfung erfolgt auf die gleiche Weise wie die zuvor beschriebene Prüfung von Testdaten relativ zu einem Anwendungs-EER-Diagramm (siehe Abbildung 4.3, die beiden oberen Prüfungen).

Auch das Meta-EER-Diagramm ist ein EER-Diagramm und kann als „*Anwendungsdatenbestand*" betrachtet werden. Wird das Meta-EER-Diagramm in der allgemeinen Datenrepräsentation angegeben, so kann auch das Meta-EER-Diagramm überprüft werden, ob es seinen formulierten Bedingungen genügt.

Nun liegt allerdings das Meta-EER-Diagramm in zwei Repräsentationen vor, zum einen in der Eins-zu-eins-Repräsentation, die für

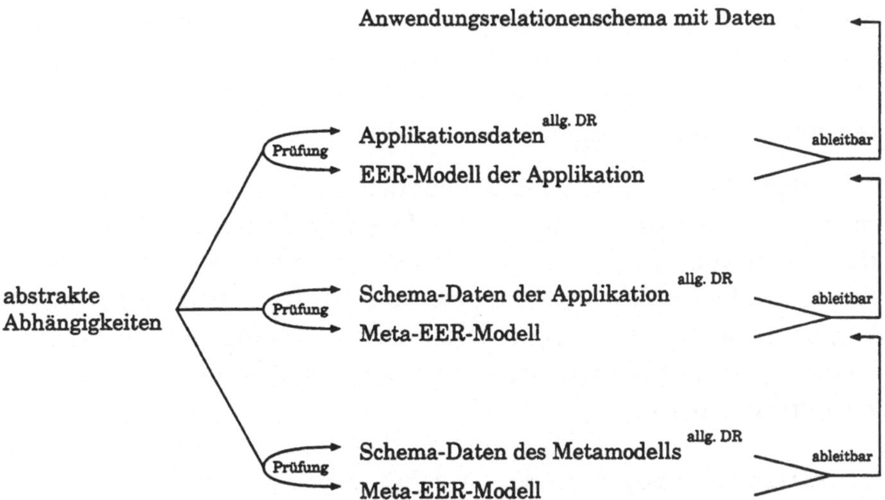

Abbildung 4.3: Prüfung von Anwendungsdaten und Schema-
Information durch die gleichen abgeleiteten
Abhängigkeiten

die Ableitung der konkreten Abhängigkeiten benötigt wird, und
zum anderen in der allgemeinen Datenrepräsentation, in welcher
der zu prüfende Datenbestand repräsentiert wird. Im folgenden
Schritt wird gezeigt, welcher Zusammenhang zwischen diesen beiden Repräsentationen existiert, und untersucht, ob nicht eine Repräsentation ausreicht.

Die Eins-zu-eins-Repräsentation wird für die Ableitung der konkreten Abhängigkeiten benötigt. Eine Strategie wäre, die Bindung
der Ableitungsregeln von der Eins-zu-eins-Repräsentation zu lösen
und die Definition der Konzepte im Quantifikationsteil und im
Abhängigkeitsteil der abstrakten Abhängigkeiten anstatt auf Fakten der Eins-zu-eins-Repräsentation auf Daten in der allgemeinen
Datenrepräsentation zu basieren. Der Nachteil dieses Ansatzes ist,
daß alle Definitionen umgeschrieben werden müßten, und die Formulierung der Konzepte in der allgemeinen Datenrepräsentation
weit aufwendiger und fehleranfälliger ist.

In diesem Abschnitt wird ein anderer Ansatz verfolgt, nämlich

mit Hilfe von Deduktionsregeln aus der allgemeinen Datenrepräsentation die Tupel der Eins-zu-eins-Repräsentation abzuleiten.
Dadurch können die formulierten abstrakten Abhängigkeiten weiterhin unverändert angewendet werden.

Folgende Deduktionsregel zeigt beispielhaft, wie aus der allgemeinen Datenrepräsentation des Meta-EER-Diagramms die Schema-Information in der Eins-zu-eins-Repräsentation abgeleitet werden kann. Die auf diese Weise gewonnenen Tupel für `attribut/3`
können nun zur Ableitung von konkreten Abhängigkeiten des Anwendungsproblems verwendet werden (vgl. Abbildung 4.3, rechte
Ableitungspfeile).

```
attribut(A_name, O_name, A_typ) :-
    meta:: ausprägung(name,attribut,A1,A_name),
    meta:: ausprägung(typ,attribut,A1,A_typ),
    meta:: ausprägung(attributsträger,attribut,A1,X),
    meta:: ausprägung(name,_,X,O_name).
```

Auf die gleiche Weise lassen sich auch die Tupel der übrigen Relationsschemata der Eins-zu-eins-Repräsentation ableiten, wodurch
nur mehr eine Repräsentation nötig ist.

Auch die Information, welche Ausprägungsfakten zu einer Ableitungsregel zusammengefaßt werden können, ist zumindest teilweise automatisierbar. Die Struktur der abgeleiteten Tupel entspricht genau dem Relationsschema, das nach der Transformation
des Meta-EER-Diagramms in ein relationales Schema ermittelt wurde. Diese Ermittlung des relationalen Schemas der Eins-zu-eins
Repräsentation ist eines der Anwendungsbeispiele im nächsten Kapitel.

4.3   Prüfung von zusätzlichen Abhängigkeiten

Neben den aus den abstrakten Abhängigkeiten von Kapitel 3 abgeleiteten konkreten Abhängigkeiten können durch dasselbe Überprüfungsprogramm noch weitere Abhängigkeiten getestet werden.

Dabei können ausführlichere Tests über Generalisierungen durchgeführt werden oder noch zusätzliche Übereinstimmungen zwischen der allgemeinen Datenrepräsentation und der Eins-zu-eins-Repräsentation überprüft werden. Die in diesem Abschnitt eingeführten zusätzlichen, sog. erweiterten abstrakten Abhängigkeiten werden bei der Erzeugung von relationalen Schemata nicht berücksichtigt.

Vollständige Generalisierungen: Ist eine Generalisierung vollständig, so **bedeutet** das, daß jede Ausprägung eines Supertyps in den Ausprägungen eines Subtyps enthalten sein muß.

```
eer:: supertyp(S,vollständig) ::
    S  inkl  ein subtyp_von(S)
```

Der wichtige Unterschied zwischen den abstrakten Abhängigkeiten in Abschnitt 3.2 und dieser erweiterten Abhängigkeit ist, daß hier eine disjunktive (oder-verknüpfte) Regel über alle Lösungen von subtyp_von vorliegt. Bei den zuvor behandelten abstrakten Abhängigkeiten wurde für jede Bindung der Variablen der Abhängigkeit (die aus dem Anwendungsmodell abgeleitet wurde) eine konkrete Abhängigkeit abgeleitet; diese konkreten Abhängigkeiten waren und-verknüpft, jede einzelne der Abhängigkeiten mußte erfüllt werden. Bei dieser erweiterten abstrakten Abhängigkeit genügt es, wenn eine der Abhängigkeiten erfüllt ist.

Eine Lösung für dieses Problem ist, die disjunktive Belegung der Variablen bis zur Überprüfung aufzuschieben und bei der Überprüfung mittels Backtrackings zu überprüfen, ob eine Belegung existiert, damit die Abhängigkeit erfüllt ist. Dieser Ansatz wurde auch bei [KN92b] verfolgt. Alternativ könnte man auf Ebene der konkreten Abhängigkeiten einen expliziten disjunktiven Operator einführen.

Eindeutige Tupel-Identifikatoren: Alle Objekttypen, die in keiner Generalisierung als Subtypen auftreten, müssen eindeutige Tupel-Identifikatoren aufweisen. Es darf für diese Klasse von Objekttypen keinen Tupel-Identifikator geben, der auch für einen anderen Objekttyp vergeben wurde.

Die hier bezeichneten Objekttypen sind entweder Objekttypen, die in keiner Generalisierung auftreten, oder Objekttypen, die in einer Generalisierungshierarchie (bzw. Verbund) die Wurzelelemente darstellen.

$$Top = keine\text{-}Generalisierung \cup Wurzel$$

Für die Objekttypen *Top* gilt somit folgende erweiterte abstrakte Abhängigkeit, durch die definiert wird, daß der Tupel-Identifikator aller Top-Objekttypen den Namen dieser Objekttypen bestimmt.

```
eer:: top(O) ::
    O ⇒ name(O)
```

Die hier vorgenommene Erweiterung liegt in der Verwendung von `name(O)`, wodurch der Name des Objekttyps ermittelt wird, dem der jeweilige Tupel-Identifikator zugeordnet ist.

Auch innerhalb von Generalisierungen können Einschränkungen für Tupel-Identifikatoren existieren. Ist eine Generalisierung als *ausschließend* (engl.: disjoint) definiert, so dürfen die Tupel-Identifikatoren, die in Subtypen unmittelbar unter der Wurzel der ausschließenden Generalisierung auftreten, nicht in den benachbarten Generalisierungen enthalten sein. Diese Subtypen werden hier als Ebene-1-Subtypen der ausschließenden Generalisierung bezeichnet.

Zur Implementierung der fehlenden Eindeutigkeitsbeschränkung kann definiert werden, daß alle Tupel-Identifikatoren der *Ebene-1*-Objekttypen einer ausschließenden Generalisierung den Namen des Wurzelobjekttyps der ausschließenden Generalisierung bestimmen (vgl. Abbildung 4.4).

```
eer:: ag(G) ::
    tupid_ebene_1(G) ⇒ name_wurzel(G)
```

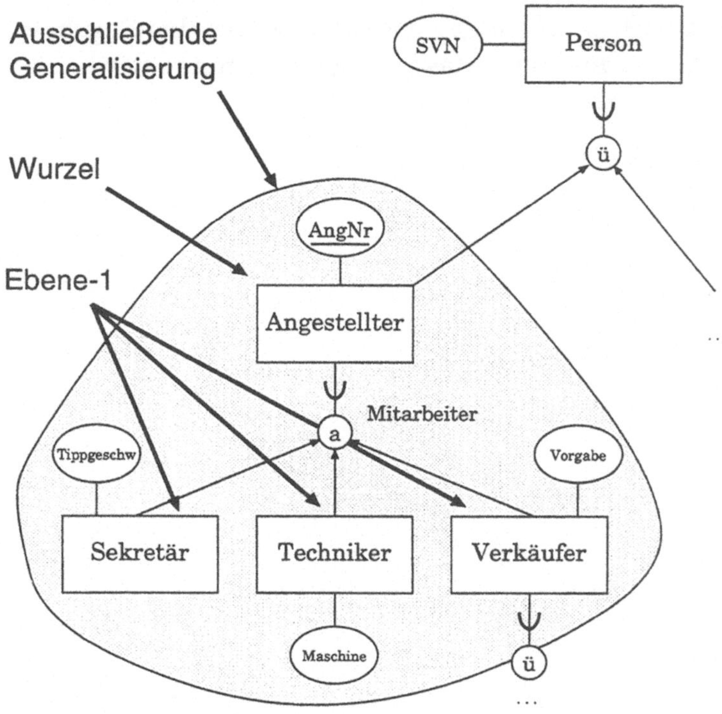

Abbildung 4.4: Ebene-1- und Wurzelobjekttypen einer ausschließenden Generalisierung

Zur Implementierung von ausschließenden Subtypen wurden in [KN92a] Exklusionsabhängigkeiten als weiterer Abhängigkeitstyp eingeführt.

Auch bei der obigen, erweiterten abstrakten funktionalen Abhängigkeit wird auf den Namen des Objekttyps des Tupel-Identifikators zugegriffen. Bei dieser Referenzierung wird in der Tabelle der Ausprägungen – ähnlich wie bei wert – über den Tupel-Identifikator der Name des Objekttyps ermittelt. Würden diese Regeln im nächsten Abschnitt zur Ableitung von relationalen Schemata verwendet werden, so würden in den resultierenden Tabellen die Namen der Objekttypen auftreten. Eine ähnliche Strategie wird bei den Abbildungsregeln für Generalisierungen von Elmasri und

Navathe [EN89, S. 428] angewendet, wobei bei den Regeln 8C und
8D die Typ-Information in das Schema genommen wird.

Kapitel 5

Verwendung der funktionalen Abhängigkeiten und der Inklusionsabhängigkeiten zur Erzeugung von Relationsschemata

In diesem Abschnitt wird gezeigt, wie aus den konkreten funktionalen Abhängigkeiten und Inklusionsabhängigkeiten durch einen allgemeinen Algorithmus ein relationales Datenbankschema mit Schlüssel- und Fremdschlüsselbestimmung abgeleitet werden kann. Es wird dabei der Synthese-Algorithmus von Beeri und Bernstein angewendet [BB76] (siehe auch Abschnitt 2.4.3). Bei der Erzeugung von Datenbankschemata werden die künstlichen Attribute (Tupel-Identifikatoren) der Anwendungsabhängigkeiten beibehalten, die in einem optionalen Schritt durch Schlüsselattribute des Anwendungswertebereichs ersetzt werden können. Weiters wird eine „*Verkürzungsregel*" vorgestellt, die effizientere relationale Schemata (weniger Tabellen) mit weniger Fremdschlüsselattributen erzeugt.

Die gesamte Ableitung aus den abstrakten Abhängigkeiten und
der Eins-zu-eins-Repräsentation des Anwendungsmodells in ein relationales Schema in SQL-Notation erfolgt vollautomatisch und ohne Benutzereingriff. Wie später gezeigt wird, wäre allerdings für
manche Beispiele eine Benutzersteuerung wünschenswert, da zur
Behandlung der Alternativen die im Modell verfügbare Information
nicht ausreicht.

In den abgeleiteten Relationsschemata sind niemals Nullwerte
zur Umsetzung der Methoden notwendig.

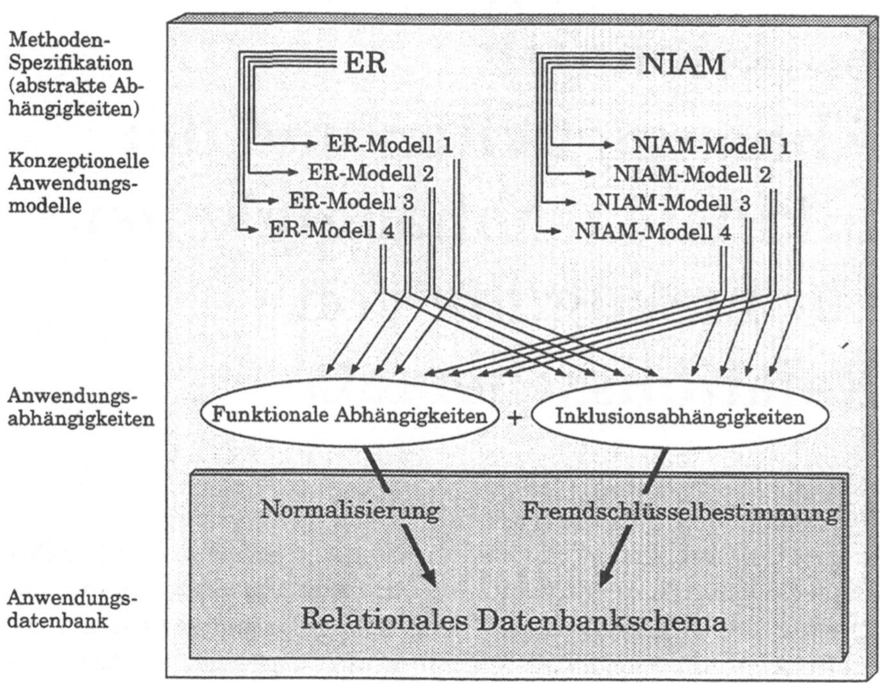

Abbildung 5.1: Ableitung von relationalen Datenbankschemata aus konzeptionellen Datenmodellen

Die Abbildung 5.1 zeigt überblicksmäßig, wie aus der Methodenspezifikation in der Form von abstrakten Abhängigkeiten und
konzeptionellen Anwendungsmodellen schrittweise zunächst kon-

krete Anwendungsabhängigkeiten und aus diesen relationale Datenbankschemata abgeleitet werden.

Zur Implementierung wurde das Prolog-Prädikat

relschema(Methode,Anwendungsmodell)

entwickelt, das als Argumente den Namen der abstrakten Abhängigkeiten (*Methode*) und den Namen des Anwendungsmodells in Eins-zu-eins-Repräsentation erhält.

Im ersten Schritt werden aus den abstrakten Abhängigkeiten und der Eins-zu-eins-Repräsentation konkrete funktionale Abhängigkeiten und Inklusionsabhängigkeiten abgeleitet. Aus den funktionalen Abhängigkeiten werden durch den Normalisierungsalgorithmus von Beeri und Bernstein relationale Schemata erzeugt. Die Fremdschlüsselbestimmung und die optionale Elimination der Tupel-Identifikatoren erfolgt auf Basis der Inklusionsabhängigkeiten. Am Ende der Transformation wird das relationale Schema in SQL-Notation ausgegeben.

Am Ende dieses Abschnitts werden die durch den hier vorgestellten Ansatz aus EER-Modellen ermittelten relationalen Schemata mit Ergebnissen aus der Literatur verglichen.

5.1 Anwendung des Normalisierungsalgorithmus auf die resultierenden funktionalen Abhängigkeiten

Im ersten Schritt der Überführung der abgeleiteten Abhängigkeiten in relationale Schemata soll gezeigt werden, zu welchen Ergebnissen die unmittelbare Anwendung des Normalisierungsalgorithmus von Beeri und Bernstein führt, welche Nachteile diese Vorgehensweise birgt und inwieweit die abgeleiteten Abhängigkeiten transformiert werden müssen, um bessere Resultate zu erzielen.

Da der Normalisierungsalgorithmus von Beeri und Bernstein auf funktionalen Abhängigkeiten basiert, werden diese zunächst betrachtet.

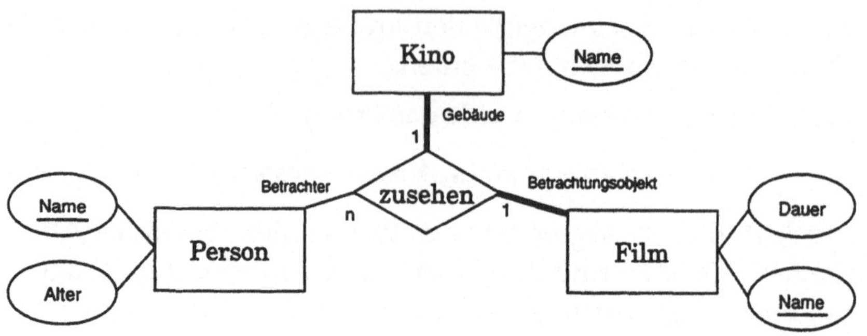

Abbildung 5.2: ER-Modell mit dreistelligem Beziehungstyp

Die aus dem ER-Diagramm in Abbildung 5.2 abgeleiteten konkreten funktionalen Abhängigkeiten sind:

tupid(film) ⇒ *wert(dauer,film)*
tupid(film) ⇒ *wert(name,film)*
tupid(kino) ⇒ *wert(name,kino)*
tupid(person) ⇒ *wert(alter,person)*
tupid(person) ⇒ *wert(name,person)*
tupid(zusehen) ⇒ *wert(betrachter,zusehen)*
tupid(zusehen) ⇒ *wert(betrachtungsobjekt,zusehen)*
tupid(zusehen) ⇒ *wert(gebäude,zusehen)*
wert(alter,person) ∪ *wert(name,person)* ⇒ *tupid(person)*
wert(betrachter,zusehen) ∪ *wert(betrachtungsobjekt,zusehen)* ⇒ *wert(gebäude,zusehen)*
wert(betrachter,zusehen) ∪ *wert(betrachtungsobjekt,zusehen)* ∪ *wert(gebäude,zusehen)*
    ⇒ *tupid(zusehen)*
wert(betrachter,zusehen) ∪ *wert(gebäude,zusehen)* ⇒ *wert(betrachtungsobjekt,zusehen)*
wert(dauer,film) ∪ *wert(name,film)* ⇒ *tupid(film)*
wert(name,film) ⇒ *tupid(film)*
wert(name,kino) ⇒ *tupid(kino)*
wert(name,person) ⇒ *tupid(person)*

In diesen Abhängigkeiten sind alle Referenzen auf Objekttypen und beschreibende Merkmale des konzeptionellen Modells enthalten. Wird der oben beschriebene Normalisierungsalgorithmus auf diese Menge von Abhängigkeiten angewendet, so ergibt sich ein abhängigkeitstreues relationales Schema in zumindest dritter Normalform (vgl. Abschnitt 2.4.1), wobei auch die Schlüssel der Relationsschemata bestimmt werden. Folgende vier Relationsschemata in Boyce-Codd-Normalform ergeben sich somit aus dem ER-Diagramm in der Abbildung 5.2.

	R_1
Schlüssel:	*tupid(zusehen)*
	wert(betrachter,zusehen) $\cup$ *wert(gebäude,zusehen)*
	wert(betrachter,zusehen) $\cup$ *wert(betrachtungsobjekt,zusehen)*
Attribute:	*tupid(zusehen), wert(betrachter,zusehen),*
	wert(betrachtungsobjekt,zusehen), wert(gebäude,zusehen)

	R_2
Schlüssel:	*tupid(person)*
	wert(name,person)
Attribute:	*tupid(person), wert(alter,person), wert(name,person)*

	R_3
Schlüssel:	*tupid(kino)*
	wert(name,kino)
Attribute:	*tupid(kino), wert(name,kino)*

	R_4
Schlüssel:	*tupid(film)*
	wert(name,film)
Attribute:	*tupid(film), wert(dauer,film), wert(name,film)*

Dieses unmittelbar aus dem Normalisierungsalgorithmus resultierende relationale Schema ist noch nicht das endgültige Schema der Anwendung, da zuvor noch folgende Probleme gelöst werden müssen:

1. Die Namensgebung der resultierenden Tabellen und Attribute ist für relationale Datenbankverwaltungssysteme ungeeignet: Die aus dem Algorithmus resultierenden Tabellen sind anonym (die Namen der Relationsschemata sind R_1 bis R_4), die Attributbezeichnungen werden durch die Funktoren *wert* oder *tupid* aufgebaut und müssen durch atomare Bezeichnungen (möglichst aus dem Anwendungsbereich) ersetzt werden.

2. Die künstlich eingeführten Attribute für Tupel-Identifikatoren sind im relationalen Schema enthalten, sollten aber im endgültigen Schema nicht mehr vorkommen.

5.2 Namensgebung für Tabellen und Attribute

Zunächst wird das Problem der Namensgebung behandelt. Intuitiv bieten sich die Namen der beteiligten Objekttypen als Tabellennamen an. Theoretisch können folgende Repräsentationen auftreten:

1. Ein Objekttyp kann durch mehrere Tabellen repräsentiert werden.

2. Ein Objekttyp kann durch genau eine Tabelle repräsentiert werden.

3. In einer Tabelle können mehrere Objekttypen auftreten.

Im ersten Fall müssen für den Tabellennamen ein oder mehrere Merkmale beigezogen werden. Im letzten Fall kann entweder ein Objekttyp ausgewählt oder ein Name aus allen beteiligten Objekttypen gebildet werden.

Welche dieser Varianten auftritt, ist durch die abstrakten Abhängigkeiten, das konzeptionelle Modell und den Normalisierungsalgorithmus bestimmt. Wenn letzterer als konstant angenommen wird, können durch die Formulierung der abstrakten Abhängigkeiten Eigenschaften aller formulierbaren Modelle festgelegt werden.

Der erste Fall würde beispielsweise für mehrwertige Attribute im ER-Modell auftreten, da mehrwertige Attribute als eigene Tabelle dargestellt werden müssen. Es müßte dabei der Tabellenname aus dem Namen des Objekttyps und dem Namen des mehrwertigen Attributs gebildet werden. Der letzte Satz ist im Konjunktiv abgefaßt, da im Rahmen dieser Arbeit für das ER-Modell keine mehrwertigen Attribute zugelassen werden (vgl. Abschnitt 3.2). Im NIAM-Modell werden für die den mehrwertigen Attributen entsprechenden Konstrukte eigenständige Satztypen gebildet (vgl. abstrakte Abhängigkeit (N-8) auf Seite 82).

Der letzte Fall obiger Unterscheidung (mehrere Objekttypen des konzeptionellen Modells in einer Tabelle) wird in dieser Arbeit durch die Verkürzungsregel in Abschnitt 5.6 behandelt, wobei durch

Zusammenziehung aus mehreren Objekttypen eine Tabelle gebildet wird. Dies erfolgt in erster Linie aus Laufzeiteffizienzgründen.

Für die behandelten konzeptionellen Methoden können gemäß den angegebenen abstrakten Abhängigkeiten jeweils die Namen der Objekttypen als Tabellennamen eingesetzt werden. Die Entscheidung über die Einführung von Objekttypen erfolgte bereits bei der Formulierung der abstrakten Abhängigkeiten.

Da hier die Tabellennamen den Namen der resultierenden Objekttypen entsprechen, ist auch die Namensgebung der Attribute sehr einfach. Die äußeren Funktoren und die Namen der Objekttypen können eliminiert werden, ohne daß Mehrdeutigkeiten auftreten können.

Durch Anwendung dieser Namensregeln kann obiges relationales Schema wie folgt vereinfacht werden:

	zusehen
Schlüssel:	*tupid*
	betrachter ∪ *gebäude*
	betrachter ∪ *betrachtungsobjekt*
Attribute:	*betrachter, betrachtungsobjekt, gebäude*

	person
Schlüssel:	*tupid*
	name
Attribute:	*tupid, alter, name*

	kino
Schlüssel:	*tupid*
	name
Attribute:	*tupid, name*

	film
Schlüssel:	*tupid*
	name
Attribute:	*tupid, dauer, name*

5.3　Elimination von Tupel-Identifikatoren und Einbeziehung von Inklusionsabhängigkeiten

Die resultierenden Relationsschemata besitzen jeweils ein Attribut
für den Tupel-Identifikator (*tupid*). Die Tupel-Identifikatoren sind
eindeutige Kennzeichner für reale Ausprägungen von Objekttypen
(vgl. Abschnitt 3.1). Der einzige Verwendungszweck dieser Attribute, deren Werte sich über die Lebenszeit eines Objekts im System
nicht verändern, liegt in der Identifikation von Objekten. Tupel-
Identifikatoren sind mit den systeminternen Surrogaten im RM/T-
Modell zu vergleichen [Cod79], nur daß diese nicht zwingend vor
dem Benutzer versteckt werden.

5.3.1　Vor- und Nachteile der Elimination von Tupel-Identifikatoren

Nun drängt sich die Frage auf, ob die durch den in dieser Arbeit
vorgestellten Ansatz eingeführten Tupel-Identifikatoren eliminiert
werden sollen oder nicht. In der Literatur finden sich zahlreiche
Argumente, die beim konventionellen Datenbankentwurf für die
Einführung von künstlichen Schlüsseln in relationalen Schemata
sprechen:

- Künstliche Schlüssel ermöglichen die eindeutige Identifikation von Objekten, unabhängig von allen sonstigen Attributausprägungen [PS89] (diese können auch unbekannt sein).

- Modifikationen von Schlüsselattributen sind aufwendig, da
  einerseits datenbank-intern Indizes verändert werden müssen, und anwendungsseitig meist Referenzen von anderen Tabellen auf diese Schlüssel nachgezogen werden müssen. Angenommen, es wird in einer Anwendung eine Produktnum-
  mer als Primärschlüssel gewählt. Wird das Produktnummern-
  schema verändert, so hat dies nicht nur Auswirkungen auf die
  Produkttabelle, sondern auch auf alle weiteren Tabellen, die
  sich auf Produkte beziehen, beispielsweise auf Beschaffungs-
  und Absatzseite.

Durch die Einführung von künstlichen Schlüsseln ist das Interesse eines Anwenders, deren Werte zu verändern, sehr gering.

- Künstliche Schlüssel verhindern zusammengesetzte Schlüssel, die wiederum vielfach zusammengesetzte Fremdschlüssel bedingen. Bei diesen können im Zusammenhang mit Nullwerten semantische Probleme auftreten. Datenbankdesigner empfehlen deshalb in vielen Fällen, beim Auftreten von zusammengesetzten Primärschlüsseln diese durch künstliche Schlüssel zu ersetzen [DW90, S. 391 f.].

- Anwender sind bereits in vielen Bereichen mit dem Konzept eines künstlichen Schlüssels vertraut (wie beispielsweise *Matrikelnummer, Personalnummer, Sozialversicherungsnummer, Führerscheinnummer* etc.), wodurch das Argument, daß künstliche Schlüssel anwendungsfremde Hilfskonstrukte sind, entschärft wird (vgl. [DW90, S. 162] und [DD92, S. 469]).

Aus meiner Sicht ist das wichtigste Argument gegen die unbedingte Einführung von künstlichen Schlüsseln (bzw. gegen die Beibehaltung der Tupel-Identifikatoren), daß in vielen Fällen bei den modellierten Attributen der Objekttypen bereits künstliche Schlüsselattribute inkludiert sind, die sich über die Lebenszeit eines Objekts im System ebenfalls nicht verändern und gleich einem künstlichen Schlüssel behandelt werden können.[1]

Die Frage, ob der Tupel-Identifikator in einem Datenmodell beibehalten werden soll, ist nicht aus dem konzeptionellen Modell allein ermittelbar. Da der Datenbankdesigner im konzeptionellen Modell Attribute oder Bezeichnertypen mit künstlichen „Anwendungs"-Schlüsseln angeben kann, wird hier dem konservativen Prinzip Folge geleistet, daß alle Tupid-Attribute im relationalen Schema beseitigt werden. Durch diesen optionalen Schritt wird das relationale Schema ausschließlich aus den beschreibenden Merkmalen des konzeptionellen Modells aufgebaut, und die resultierenden relationalen Schemata werden mit anderen Arbeiten vergleichbar.

---

[1]Dieses Argument ist somit die Umkehrung zum letzten Punkt der obigen Aufzählung.

5.3.2 Elimination von Tupel-Identifikatoren durch atomare Schlüssel

Da die Tupel-Identifikatoren ausschließlich zur Identifikation von Objekttypen dienen, können diese durch Schlüssel für die betreffenden Relationsschemata ersetzt werden. Allerdings müssen bei dieser Ersetzung auch alle Referenzen auf die Tupel-Identifikatoren entsprechend angeglichen werden. Alle Referenzen auf Tupel-Identifikatoren sind in den Inklusionsabhängigkeiten enthalten.

In diesem Abschnitt wird die Ersetzung von Tupel-Identifikatoren durch einattributige (atomare) Schlüssel behandelt, im folgenden Abschnitt 5.4 wird diese Ersetzung auf zusammengesetzte Schlüssel erweitert.

Zusätzlich zum relationalen Schema wurden noch folgende Inklusionsabhängigkeiten abgeleitet:

$$wert(betrachter, zusehen) \xrightarrow{inkl} tupid(person)$$
$$wert(betrachtungsobjekt, zusehen) \xrightarrow{inkl} tupid(film)$$
$$wert(gebäude, zusehen) \xrightarrow{inkl} tupid(kino)$$
$$tupid(film) \xrightarrow{inkl} wert(betrachtungsobjekt, zusehen)$$
$$tupid(kino) \xrightarrow{inkl} wert(gebäude, zusehen)$$

Die ersten drei Inklusionsabhängigkeiten werden durch die Rollenbeteiligungen begründet, die letzten beiden durch die vollständige Beteiligung. Die Inklusionsabhängigkeit

$$wert(betrachter, zusehen) \xrightarrow{inkl} tupid(person)$$

besagt, daß alle Ausprägungen des Attributs *betrachter* in der Tabelle *zusehen* in der Repräsentation des Objekttyps *person* (also in der Tabelle *person*) inkludiert sein müssen. Mit anderen Worten: Das Attribut *betrachter* in der Tabelle *zusehen* referenziert die Stammtabelle *person*. Wird aus dem Schema für *person* der Tupel-Identifikator eliminiert, so kann an dessen Stelle der Schlüssel *name* treten (vgl. relationales Schema von Seite 111).

5.3.3 Repräsentation von schlüsselbasierten Inklusionsabhängigkeiten in SQL

Alle Inklusionsabhängigkeiten der Form

$$X \xrightarrow{\textit{inkl}} \textit{tupid}(Y)$$

sind per Definition schlüsselbasiert (vgl. Abschnitt 2.2) und können nach dem ANSI-SQL-Standard [Ans89] durch Fremdschlüsselklauseln abgebildet werden. ANSI-SQL bietet hierfür die REFERENCES-Deklaration an, die bei den Tabellenerzeugungsanweisungen angegeben werden kann. Das nachstehende Code-Fragment ist eine Abbildung des relationalen Schemas von Seite 111 (ohne Tupel-Identifikatoren) und der ersten drei Inklusionsabhängigkeiten. Die beiden fehlenden Inklusionsabhängigkeiten sind nicht schlüsselbasiert und werden später behandelt. Zunächst sollen jedoch nachstehende SQL-Anweisungen erläutert werden.

```
CREATE TABLE zusehen (
    betrachter            ... REFERENCES person,
    betrachtungsobjekt ... REFERENCES film,
    gebäude               ... REFERENCES kino,
    UNIQUE (betrachter, gebäude),
    UNIQUE (betrachter, betrachtungsobjekt)
);

CREATE TABLE person (
    name                  ... PRIMARY KEY,
    alter                 ...
);

CREATE TABLE film (
    name                  ... PRIMARY KEY,
    dauer                 ...
);

CREATE TABLE kino (
    name                  ... PRIMARY KEY
);
```

Jede dieser SQL-Anweisungen erzeugt eine Tabelle mit dem genannten Namen, innerhalb der Klammer werden Attribute und weitere einschränkende Klauseln aufgeführt. Die drei aufeinanderfolgenden Punkte in den Anweisungen stehen jeweils für Datentypdeklarationen (z.B. `CHAR(30)`), die in den behandelten konzeptionellen Datenmodellierungsverfahren üblicherweise nicht angegeben werden. Im hier vorgestellten Ansatz können diese ohne weitere Komplikationen hinzugefügt werden, da durch die Bezeichnungen der Konzepte des konzeptionellen Modells gemeinsam durch den Objekttyp und das beschreibende Merkmal keine Mehrdeutigkeiten auftreten können. Eine weitere Tabelle mit Datentypdeklarationen könnte beispielsweise hierfür eingeführt werden.

Schlüsseleigenschaften von Attributen können nach dem ANSI-SQL-Standard [Ans89] entweder mittels `PRIMARY KEY` (Primärschlüssel) oder mittels `UNIQUE` (*„Schlüsselkandidaten"*) deklariert werden. Sowohl `PRIMARY KEY` als auch `UNIQUE` können für einfache Schlüssel direkt bei der Attributdefinition angeführt werden. Für zusammengesetzte Schlüssel muß jeweils eine eigene Klausel in der `CREATE`-Anweisung angegeben werden. `UNIQUE` und `PRIMARY KEY` sind semantisch äquivalent, die Primärschlüsseldefinition ist allerdings eingeschränkter verwendbar: Jede Tabelle darf maximal einen Primärschlüssel haben, dafür muß bei Fremdschlüsselreferenzen auf Primärschlüssel von anderen Tabellen nur der Tabellenname (und nicht zusätzlich das Primärschlüsselattribut der referenzierten Tabelle) angegeben werden. Daraus folgt, daß bei Relationsschemata mit mehr als einem Schlüssel die `UNIQUE`-Klausel verwendet werden muß. Sowohl bei `UNIQUE` als auch bei `PRIMARY KEY` darf das betroffene Attribut keinen Nullwert annehmen. Bei den hier angeführten SQL-Anweisungen werden die `NOT-NULL`-Einschränkungen allerdings nicht explizit angegeben, sondern implizit angenommen.

Fremdschlüssel werden nach dem ANSI-SQL-Standard entweder mittels `REFERENCES`-Deklaration definiert, die für einfache Fremdschlüssel direkt bei der Attributdefinition angegeben werden kann, für zusammengesetzte Fremdschlüssel als eigene Klausel angegeben werden muß.

Die Fremdschlüsselbedingungen werden aus den Inklusionsabhängigkeiten abgeleitet. Aus einer Inklusionsabhängigkeit der

Form

$$X \xrightarrow{inkl} tupid(Y)$$

wird in SQL eine Deklaration der Form

$$X' \quad \text{REFERENCES} \quad Y$$

wobei X' durch Transformation aus X und (wie später beschrieben wird) aus dem Schlüssel der referenzierten Tabelle abgeleitet wird. Ist der Schlüssel dieser Tabelle ein einfaches Attribut, so ist X' ein Attribut, das nach obigen Namensregeln (Abschnitt 5.2) bezeichnet wird. Die Inklusionsabhängigkeiten

wert(betrachter,zusehen) $\xrightarrow{inkl}$ *tupid(person)*

wert(betrachtungsobjekt,zusehen) $\xrightarrow{inkl}$ *tupid(film)*

wert(gebäude,zusehen) $\xrightarrow{inkl}$ *tupid(kino)*

können durch rein syntaktische Transformation in eine SQL-nahe Zwischenform

```
zusehen.betrachter REFERENCES person
zusehen.betrachtungsobjekt REFERENCES film
zusehen.gebäude REFERENCES kino
```

übergeführt werden, wobei auf der rechten Seite der Abhängigkeiten nur der Tabellenname angeführt werden muß, da es sich hierbei um Referenzen auf Primärschlüssel handelt. Die referenzierten Tabellen müssen somit immer eine PRIMARY-KEY-Deklaration aufweisen. In diesem Beispiel werden für die Tabellen person, film und kino Primärschlüssel festgelegt. Für die angeführten Tabellen existiert jeweils ein einziger Schlüsselkandidat, der jeweils aus einem einzigen Attribut besteht.

Existieren allerdings in einer Tabelle mehrere Schlüsselkandidaten, so muß an dieser Stelle eine Wahl getroffen werden. In meiner Implementierung folge ich der einfachen Heuristik, daß ein beliebiger einfacher Schlüssel einem zusammengesetzten Schlüssel als

Primärschlüssel vorgezogen wird. Für manche Beispiele ist diese Wahl aus praktischen Überlegungen ungünstig, es sollte dem Benutzer die Gelegenheit eingeräumt werden, diese Wahl zu beeinflussen.

Beachten Sie, daß hier die erste Stelle in dieser Arbeit ist, an der die Wahl eines Primärschlüssels durchgeführt wird. Es war im konzeptionellen Modell nicht notwendig, von Primärschlüsseln zu sprechen. Im konzeptionellen Modell wurden ausschließlich semantische Eigenschaften der modellierten Objekttypen behandelt und einzelne Attribute als identifizierend definiert.

Die transformierten Inklusionsabhängigkeiten werden schließlich in den auf der linken Seite erwähnten Tabellen bei den entsprechenden Attributen als REFERENCES-Klauseln angegeben, wodurch die Tabellenerzeugungsanweisungen von Seite 115 abgeleitet wurden.

5.3.4 Repräsentation von allgemeinen Inklusionsabhängigkeiten in SQL

Die beiden noch nicht behandelten Inklusionsabhängigkeiten

$$tupid(\textit{film}) \xrightarrow{\textit{inkl}} wert(\textit{betrachtungsobjekt,zusehen})$$
$$tupid(\textit{kino}) \xrightarrow{\textit{inkl}} wert(\textit{gebäude,zusehen})$$

weisen auf der rechten Seite Attribute auf, die wohl Schlüsselattribute sein können, aber nicht unbedingt sein müssen. Die erste Abhängigkeit besagt, daß der Schlüssel der Tabelle *film* das Attribut *betrachtungsobjekt* in der Tabelle *zusehen* referenziert. Dieses Attribut ist allerdings nur ein Teilschlüssel (vgl. relationales Schema auf Seite 111).

In einem ersten Schritt müssen hier die Primärschlüsselattribute der Tabellen *film* und *kino* bestimmt werden, sofern sie das noch nicht sind. Die Tupid-Attribute werden durch diese ersetzt, wodurch sich folgende Inklusionsabhängigkeiten ergeben:

$$wert(name,film) \xrightarrow{inkl} wert(betrachtungsobjekt,zusehen)$$
$$wert(name,kino) \xrightarrow{inkl} wert(gebäude,zusehen)$$

Durch die gleiche syntaktische Transformation wie zuvor werden diese Inklusionsabhängigkeiten in die SQL-nahe Zwischenform übersetzt

```
film.name REFERENCES zusehen.betrachtungsobjekt
kino.name REFERENCES zusehen.gebäude
```

und könnten in den Tabellenerzeugungsanweisungen entweder als REFERENCES-Klauseln der FOREIGN–KEY-Klauseln eingesetzt werden.

Wie bereits in Abschnitt 2.2 auf Seite 21 diskutiert, unterstützt ANSI-SQL allgemeine (attribut-basierte) Inklusionsabhängigkeiten nicht. ANSI-SQL verlangt, daß die referenzierten Attribute der REFERENCES-Klausel (hier zusehen.betrachtungsobjekt oder zusehen.gebäude) Schlüssel in den betreffenden Tabellen sind [Ans89, S. 63]. Die nachstehenden Tabellenerzeugungsanweisungen sind somit ungültig.

```
CREATE TABLE film (
    name                ... PRIMARY KEY,
    dauer               ... ,
    FOREIGN KEY (name)
            REFERENCES zusehen (betrachtungsobjekt)
);

CREATE TABLE kino (
    name                ... PRIMARY KEY,
    FOREIGN KEY (name)
            REFERENCES zusehen (gebäude)
);
```

Weiters bietet ANSI-SQL eine CHECK-Klausel an, durch die Inklusionsabhängigkeiten wie folgt formuliert werden könnten:

```
CREATE TABLE film (
    name                ... PRIMARY KEY,
    dauer               ... ,
```

```
    CHECK (name IN
          (SELECT betrachtungsobjekt FROM zusehen))
);

CREATE TABLE kino (
   name                   ... PRIMARY KEY,
   CHECK (name IN
          (SELECT gebäude FROM zusehen))
);
```

Allerdings ist in der CHECK-Klausel nur eine *„search condition"* erlaubt, die keine geschachtelten Abfragen (und somit kein weiteres SELECT) zuläßt [Ans89, S. 65].

In Postgres [SR86], einem Datenbankverwaltungssystem, das unter der Leitung von M. Stonebraker an der University of California at Berkeley entwickelt wird, können allgemeine Inklusionsabhängigkeiten in den Tabellenerzeugungsanweisungen behandelt werden (vgl. [SAH87]).

```
create FILM (name = ZUSEHEN[betrachtungsobjekt], dauer = i4)
          key (name)

create KINO (name = ZUSEHEN[gebäude])
          key (name)
```

Postgres verwendet als Datenbankdefinitions- und Abfragesprache *Postquel* und nicht das wesentlich verbreitetere SQL. Da Postgres in erster Linie ein Forschungsprojekt ist und in vielen Aspekten weit von heute kommerziell verfügbaren Datenbankverwaltungssystemen entfernt ist, wird in der Folge nicht näher auf Postgres eingegangen.

Für die Beschreibung von allgemeinen Inklusionsabhängigkeiten in der weiteren Arbeit wird für die FOREIGN-Klausel eine Erweiterung vorgeschlagen. Dabei wird folgende Konvention eingehalten:

$$\text{FOREIGN} \begin{cases} \text{KEY} & \text{wenn das referenzierte Attribut Schlüsselattribut ist,} \\ \text{VALUE} & \text{wenn das referenzierte Attribut kein Schlüsselattribut ist.} \end{cases}$$

Die Attributliste und der REFERENCES-Teil wird gleich ANSI-SQL angeschrieben. Wird REFERENCES unmittelbar bei der Attributdefinition angegeben, so wird wie in standardmäßigem SQL eine Fremdschlüsselreferenz angenommen.

Die gesamten, aus den funktionalen Abhängigkeiten und Inklusionsabhängigkeiten resultierenden Tabellenerzeugungsanweisungen mit Schlüssel- und Fremdschlüsselklauseln sind somit:

```
CREATE TABLE zusehen (
    betrachter          ... REFERENCES person,
    betrachtungsobjekt ... REFERENCES film,
    gebäude             ... REFERENCES kino,
    UNIQUE (betrachter, gebäude),
    UNIQUE (betrachter, betrachtungsobjekt)
);

CREATE TABLE person (
    name                ... PRIMARY KEY,
    alter               ...
);

CREATE TABLE film (
    name                ... PRIMARY KEY,
    dauer               ... ,
    FOREIGN VALUE (name)
        REFERENCES zusehen (betrachtungsobjekt)
);

CREATE TABLE kino (
    name                ... PRIMARY KEY,
    FOREIGN VALUE (name)
        REFERENCES zusehen (gebäude)
);
```

5.4 Inklusionsabhängigkeiten und zusammengesetzte Schlüssel

Die eben skizzierte Strategie zur Ersetzung von Tupid-Attributen in Inklusionsabhängigkeiten ist in der beschriebenen Form nur für Relationsschemata anwendbar, die zumindest ein atomares Schlüsselattribut besitzen. Vielfach existieren allerdings für Relationsschemata ausschließlich zusammengesetzte Schlüssel.

Existieren in einem relationalen Schema Referenzen auf zusammengesetzte Attribute (oder Schlüssel), so müssen die referenzierenden Attribute die gleiche Struktur aufweisen, also ebenfalls zusammengesetzt sein. Existieren für ein abgeleitetes Relationsschema R, abgesehen vom Tupid-Attribut, keine weiteren einfachen
Schlüssel, und existiert weiters eine Inklusionsabhängigkeit, die
tupid(R) enthält und sich somit auf den zugrundeliegenden Objekttyp R bezieht, so muß auch die jeweils andere Seite der Inklusionsabhängigkeit in die gleiche Struktur gebracht werden. Für die
Inklusionsabhängigkeit

$$A \xrightarrow{inkl} tupid(R)$$

bedeutet dies, daß durch die Elimination des Tupel-Identifikators
das Attribut A ebenfalls zusammengesetzt sein muß. Hat der
gewählte Primärschlüssel von R den Aufbau $x \cup y$, so werden diese
Inklusionsabhängigkeiten in

$$Ax \cup Ay \xrightarrow{inkl} x \cup y$$

umgeformt, wobei das Attribut A in eine x- und eine y-Komponente
zerteilt wird. Existiert eine weitere Inklusionsabhängigkeit der
Form

$$B \xrightarrow{inkl} A$$

so wird auch die Substitution für B vorgenommen. Es ist leicht
zu erkennen, daß es für gewisse Formen von zyklischen Inklusionsabhängigkeiten (vgl. Abschnitt 2.2 auf Seite 20) zu infiniten
Ersetzungen kommen kann (Seite 127).

Zunächst soll untersucht werden, unter welchen Bedingungen
diese Ersetzungen propagiert werden. Bei Beziehungstypen des
ER-Modells können keine Propagierungen auftreten, da in den abgeleiteten Inklusionsabhängigkeiten niemals Tupid-Attribute von
Beziehungstypen aufscheinen[2]. Die Propagierung der Ersetzungen

---

[2]Vgl. Zusammenfassung der abstrakten Inklusionsabhängigkeiten in EER-
Diagrammen im Abschnitt 3.2.5 auf Seite 68.

kann allerdings bei schwachen Entitätstypen auftreten, zu deren
voller Qualifikation der Schlüssel des „*Owner*"-Entitätstyps beigezogen wird. Ist dieser ebenso ein schwacher Entitätstyp, so erfolgt
eine fortgesetzte Propagierung der Ersetzungen.

Der Ausgangspunkt des Problems sind die zusammengesetz-
ten Schlüsselattribute von schwachen Entitätstypen. Die einfach-
ste Strategie wäre, für Relationsschemata, die keine atomaren
Schlüsselattribute aufweisen, der Empfehlung von Date [DW90,
S. 391 f.] Folge zu leisten und wieder auf die künstlichen Tupid-
Attribute zurückzugreifen, die in jedem Fall atomar sind. Hier wird
allerdings weiterhin die Strategie der Elimination aller künstlichen
Schlüssel verfolgt.

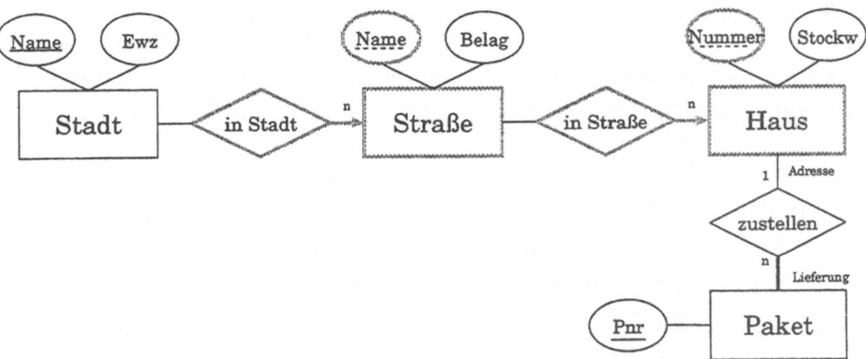

Abbildung 5.3: ER-Modell mit schwachen Entitätstypen

Im ER-Modell in Abbildung 5.3 tritt die oben beschriebene Kon-
stellation von schwachen Entitätstypen auf. Das aus den funktionalen Abhängigkeiten dieses ER-Modells erzeugte Relationsschema
enthält für die schwachen Entitätstypen *Straße* und *Haus* jeweils
ausschließlich zusammengesetzte Schlüsselattribute:

	stadt			**straße**
Schlüssel:	*name*		Schlüssel:	$in\_stadt \cup name$
Attribute:	*ewz, name*		Attribute:	*in_stadt, belag, name*

	haus
Schlüssel:	$in\_straße \cup nummer$
Attribute:	*in_straße, nummer, stockw*

	paket		**zustellen**
Schlüssel:	*pnr*	Schlüssel:	*lieferung*
Attribute:	*pnr*	Attribute:	*adresse, lieferung*

Auf die zusammengesetzten Schlüsselattribute existieren Referenzen, die klar ersichtlich werden, wenn nun die Tupid-Attribute
der Inklusionsabhängigkeiten durch Schlüsselattribute ersetzt werden. Folgende Tabelle stellt die abgeleiteten Inklusionsabhängigkeiten vor und nach der Ersetzung gegenüber.

Erzeugte Inklusionsabhängigkeiten	Inklusionsabhängigkeiten nach Ersetzung
wert(in_stadt,straße) $\xrightarrow{inkl}$ *tupid(stadt)*	*wert(in_stadt,straße)* $\xrightarrow{inkl}$ *wert(name,stadt)*
wert(in_straße,haus) $\xrightarrow{inkl}$ *tupid(straße)*	*wert(in_straße,haus)* $\xrightarrow{inkl}$ *wert(in_stadt,straße)* ∪ *wert(name,straße)*
wert(adresse,zustellen) $\xrightarrow{inkl}$ *tupid(haus)*	*wert(adresse,zustellen)* $\xrightarrow{inkl}$ *wert(in_straße,haus)* ∪ *wert(nummer,haus)*
tupid(paket) $\xrightarrow{inkl}$ *wert(lieferung,zustellen)*	*wert(pnr,paket)* $\xrightarrow{inkl}$ *wert(lieferung,zustellen)*
wert(lieferung,zustellen) $\xrightarrow{inkl}$ *tupid(paket)*	*wert(lieferung,zustellen)* $\xrightarrow{inkl}$ *wert(pnr,paket)*

Nach der Ersetzung treten Inklusionsabhängigkeiten auf, die auf
beiden Seiten unterschiedlich viele Attribute aufweisen und nach
der Definition im Grundlagenteil dieser Arbeit (Abschnitt 2.2 auf
Seite 18) ungültig sind. Folglich müssen die Strukturen auf beiden
Seiten der Abhängigkeiten angepaßt werden (siehe auch Abbildung
5.4).

Aus den Inklusionsabhängigkeiten kann man schließen, daß die
Rolle *in_straße* des Objekttyps *haus* aus Komponenten *in_stadt* und
name besteht. Aus diesen Komponenten können eigene Attribute
erzeugt werden. Um Namenskollisionen zu vermeiden, werden
die neuen Attributnamen aus dem Namen des zusammengesetzten
Attributs und dem Namen der Komponente gebildet. Durch diese
Ersetzung wird aus der Inklusionsabhängigkeit

$$\textit{wert(in\_straße,haus)} \xrightarrow{inkl} \textit{wert(in\_stadt,straße)} \cup \textit{wert(name,straße)}$$

eine binäre Inklusionsabhängigkeit der Form:

$$\textit{wert(in\_straße-in\_stadt,haus)} \cup \textit{wert(in\_straße-name,haus)}$$
$$\xrightarrow{inkl} \textit{wert(in\_stadt,straße)} \cup \textit{wert(name,straße)}$$

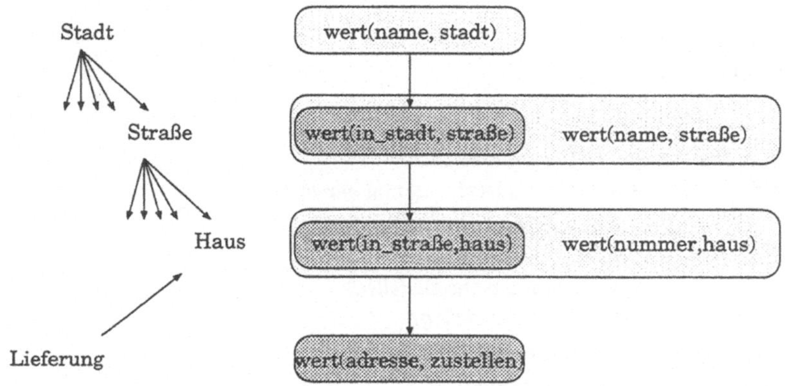

Abbildung 5.4: Struktureller Aufbau der schwachen Entitätstypen

Die Ersetzung von

$$wert(in\_straße,haus)$$

durch

$$wert(in\_straße\text{-}in\_stadt,haus) \cup wert(in\_straße\text{-}name,haus)$$

muß in allen Inklusionsabhängigkeiten und im erzeugten relationalen Schema durchgeführt werden. Auf gleiche Weise wird auch
wert(adresse,zustellen) in drei Einzelkomponenten aufgeteilt.

Das endgültige relationale Schema und die Inklusionsabhängigkeiten mit den aufgeteilten zusammengesetzten Attributen sind somit:

	stadt		**straße**
Schlüssel:	*name*	Schlüssel:	*in_stadt $\cup$ name*
Attribute:	*ewz, name*	Attribute:	*in_stadt, belag, name*

	haus
Schlüssel:	*in_straße-in_stadt $\cup$ in_straße-name $\cup$ nummer*
Attribute:	*in_straße-in_stadt, in_straße-name, nummer, stockw*

	zustellen
Schlüssel:	*lieferung*
Attribute:	*adresse-in_straße-in_stadt, adresse-in_straße-name, adresse-nummer, lieferung*

	paket
Schlüssel:	*pnr*
Attribute:	*pnr*

$$wert(in\_stadt, straße) \xrightarrow{inkl} wert(name, stadt)$$

$$wert(in\_straße\text{-}in\_stadt, haus) \cup wert(in\_straße\text{-}name, haus)$$
$$\xrightarrow{inkl} wert(in\_stadt, straße) \cup wert(name, straße)$$

$$wert(adresse\text{-}in\_straße\text{-}in\_stadt, zustellen)$$
$$\cup wert(adresse\text{-}in\_straße\text{-}name, zustellen)$$
$$\cup wert(adresse\text{-}nummer, zustellen)$$
$$\xrightarrow{inkl} wert(in\_straße\text{-}in\_stadt, haus)$$
$$\cup wert(in\_straße\text{-}name, haus)$$
$$\cup wert(nummer, haus)$$

$$wert(pnr, paket) \xrightarrow{inkl} wert(lieferung, zustellen)$$

$$wert(lieferung, zustellen) \xrightarrow{inkl} wert(pnr, paket)$$

Das erzeugte relationale Datenbankschema und die Inklusionsabhängigkeiten können nun in Tabellenerzeugungsanweisungen für ein ANSI-SQL-standardkonformes, relationales Datenbankverwaltungssystem umgeformt werden, wobei nachstehend die Namen der zusammengesetzten Attribute etwas vereinfacht wurden (beispielsweise wird anstelle von *adresse-in_straße-in_stadt* in der Tabelle *zustellen* der Name *adresse_stadt* verwendet).

```
CREATE TABLE zustellen (
   adresse_stadt    ... ,
   adresse_straße   ... ,
   adresse_nummer   ... ,
   lieferung        ... PRIMARY KEY REFERENCES paket,
   FOREIGN KEY
      (adresse_stadt,
       adresse_straße,
       adresse_nummer) REFERENCES haus
);

CREATE TABLE haus (
   straße_stadt    ... ,
   straße_name     ... ,
   nummer          ... ,
   stockw          ... ,
   FOREIGN KEY (straße_stadt,straße_name) REFERENCES straße,
   PRIMARY KEY (straße_stadt,straße_name,nummer)
```

```
);

CREATE TABLE straße (
   stadt            ... REFERENCES stadt,
   name             ... ,
   belag            ... ,
   stockw           ... ,
   PRIMARY KEY (stadt,name)
);

CREATE TABLE stadt (
   name             ... PRIMARY KEY,
   ewz              ...
);

CREATE TABLE paket (
   pnr              ... PRIMARY KEY,
   FOREIGN KEY (pnr)   REFERENCES zustellen (lieferung)
);
```

Das Problem der infiniten Substitution ergibt sich in ER-Modellen, wenn beispielsweise ein schwacher Entitätstyp sein eigener Owner ist, oder wenn ein Supertyp Owner des eigenen Subtyps ist. Dabei ergeben sich während der Substitution Inklusionsabhängigkeiten der Form

$$A \xrightarrow{inkl.} A \cup B$$

die nicht aufgelöst werden können. Derartige Modelle werden als ungültig erkannt. Bei NIAM-Modellen können ähnliche Probleme beispielsweise bei eingebetteten Satztypen und Generalisierungen auftreten.

Bei der Implementierung der tupid-Substitution in Prolog werden zuerst die Abhängigkeiten topologisch nach passiven tupid-Referenzen sortiert. In der resultierenden Reihenfolge werden die Abhängigkeiten bearbeitet. Für jeden Tupel-Identifikator erfolgt eine Schlüsselbestimmung, wobei hier einfache Schlüssel bevorzugt werden. Jede Substitution durch einen zusammengesetzten Schlüssel wird in einer Substitutionsliste vermerkt, die für alle späteren Ersetzungen angewendet wird.

Durch die Ersetzung der Tupid-Attribute wird die Semantik der Inklusionsabhängigkeiten etwas verschleiert, da nicht mehr zwischen Referenzen auf Objekttypen und Referenzen auf Attribute unterschieden werden kann. Bei dieser Ersetzung fließen bei konkurrierenden Schlüsselkandidaten zudem Entwurfsentscheidungen ein, die nicht unmittelbar aus dem konzeptionellen Modell ableitbar sind. Zur Automatisierung dieses Schrittes wären Priorisierungen von identifizierenden Attributen denkbar (z.B. ähnlich der Unterscheidung zwischen PRIMARY KEY und UNIQUE in ANSI-SQL). In den folgenden Abschnitten der Arbeit werden bei der Auflistung von Inklusionsabhängigkeiten die Tupid-Attribute nicht ersetzt, in allen weiteren relationalen Schemata oder SQL-Tabellenerzeugungsanweisungen sind sie jeweils eliminiert.

5.5   Inklusionsabhängigkeiten und Transaktionen

Die meisten SQL-basierten relationalen Datenbanksysteme erlauben wahlweise, die Inklusionsabhängigkeiten entweder nach jeder einzelnen Tabellenmodifikation zu überprüfen oder durch den Befehl COMMIT, der üblicherweise nach Abschluß einer aus mehreren Einzelschritten aufgebauten Transaktion durchgeführt wird. Durch die Möglichkeit, mehrere atomare Datenbankoperationen zu einer Transaktion zusammenzufassen und die Konsistenz erst nach Abschluß der Transaktion zu überprüfen, können auch zyklische Inklusionsabhängigkeiten vom Datenbankverwaltungssystem behandelt werden. Verletzungen von Inklusionsabhängigkeiten, die innerhalb der Transaktion auftreten, sind dabei zulässig.

Existieren beispielsweise im konzeptionellen Modell vollständige Partizipationen zwischen unterschiedlichen Objekttypen, so werden diese in SQL durch gegenseitige Fremdschlüsselbeziehungen abgebildet.

```
...
CREATE TABLE zustellen (
   adresse_stadt    ... ,
   adresse_straße   ... ,
   adresse_nummer   ... ,
   lieferung        ... PRIMARY KEY REFERENCES paket,
   ...
```

```
);

CREATE TABLE paket (
   pnr               ... PRIMARY KEY,
   FOREIGN KEY (pnr)     REFERENCES zustellen (lieferung)
);
...
```

Wird ein neues Tupel in nur eine der beiden beteiligten Tabellen eingefügt (z.B. ein weiteres zugestelltes *Paket*), so ist danach eine Inklusionsabhängigkeit verletzt, da auch ein Tupel in die zweite beteiligte Tabelle (hier: ein Tupel für *zustellen*) eingefügt werden müßte. Würde hier bereits die erste Einfügeoperation vom System zurückgewiesen werden, könnte die zweite Einfügeoperation, welche die Konsistenz wieder herstellt, auch nicht mehr durchgeführt werden.

Durch die Zusammenfassung der beiden Operationen zu einer Transaktion ist dieses Problem beseitigt. Im gegebenen Beispiel würde eine Einfügetransaktion aus zumindest zwei Einfügeoperationen in den Tabellen *paket* und *zustellen* bestehen. Die Transaktion wird aus den Einfügeoperationen in alle zyklisch abhängigen Tabellen gebildet.

Im ER-Modell in Abbildung 5.3, das Grundlage für die Ableitung der Tabellenerzeugungsanweisungen von Seite 121 ist, ist der Beziehungstyp *zustellen* vom Typus *1:n*, wobei auf der *n*-Seite eine vollständige Beteiligung vorliegt. Für dieses Beispiel ist es nicht notwendig, für *zustellen* eine eigene Tabelle zu erzeugen.

Im folgenden Abschnitt wird eine allgemein formulierte Verkürzungsregel vorgestellt, welche die Zahl der notwendigen Tabellen im relationalen Schema reduziert. Im Abschnitt 5.7 wird in Abbildung 5.7-20 auf Seite 173 obiges Beispiel in erweiterter Form nach Anwendung der Verkürzungsregel nochmals angegeben.

5.6 Eine Optimierung für *:1-Beziehungstypen mit vollständiger Beteiligung auf der *-Seite

Die vom Normalisierungsalgorithmus aus den funktionalen Abhängigkeiten erzeugten relationalen Schemata können vielfach verbessert werden. So ist es möglich, den gleichen Informationsgehalt des konzeptionellen Modells durch eine geringere Zahl von Attribute n oder Relationsschemata auszudrücken. Diese Optimierungen werden nicht am resultierenden Schema durchgeführt, sondern können bereits direkt an den Abhängigkeiten durchgeführt werden, wodurch sie für mehrere Modellierungsverfahren einsetzbar werden.

Nach Anwendung dieser „*Verkürzungsregel*" entspricht das resultierende relationale Schema, das von *:1-Beziehungstypen mit vollständiger Beteiligung auf der *-Seite abgeleitet wird, dem Ergebnis des auf ER-Modelle spezialisierten Verfahren von [TYF86].

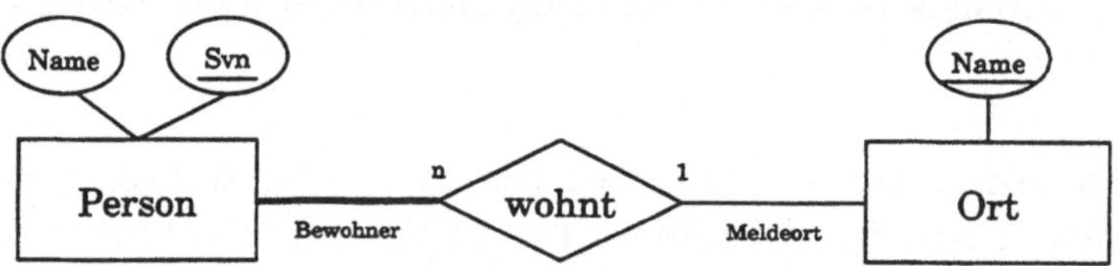

Abbildung 5.5: n:1-Beziehung mit vollständiger Beteiligung auf der n-Seite

Als Beispiel zur Illustration der Verkürzungsregel dient das ER-Modell in Abbildung 5.5, aus dem die nachfolgenden funktionalen Abhängigkeiten, Inklusionsabhängigkeiten und das angeführte relationale Schema abgeleitet werden kann.

Funktionale Abhängigkeiten:

$tupid(ort) \Rightarrow wert(name,ort)$
$tupid(person) \Rightarrow wert(name,person)$
$tupid(person) \Rightarrow wert(svn,person)$
$tupid(wohnt) \Rightarrow wert(bewohner,wohnt)$
$tupid(wohnt) \Rightarrow wert(meldeort,wohnt)$
$wert(bewohner,wohnt) \Rightarrow wert(meldeort,wohnt)$

$wert(bewohner,wohnt) \cup wert(meldeort,wohnt) \Rightarrow tupid(wohnt)$

$wert(name,ort) \Rightarrow tupid(ort)$

$wert(name,person) \cup wert(svn,person) \Rightarrow tupid(person)$

$wert(svn,person) \Rightarrow tupid(person)$

Inklusionsabhängigkeiten:

$tupid(person) \xrightarrow{inkl} wert(bewohner,wohnt)$

$wert(bewohner,wohnt) \xrightarrow{inkl} tupid(person)$

$wert(meldeort,wohnt) \xrightarrow{inkl} tupid(ort)$

Relationales Schema:

	person
Schlüssel:	svn
Attribute:	$name, svn$

	ort
Schlüssel:	$name$
Attribute:	$name$

	wohnt
Schlüssel:	$bewohner$
Attribute:	$bewohner, meldeort$

Zu diesem Schema existieren folgende Tabellen, deren Tupel den abgeleiteten Abhängigkeiten entsprechen:

person	svn	$name$
	1	hansen
	2	tjoa
	3	jammernegg
	4	janko

ort	$name$
	wien
	linz
	graz

wohnt	$bewohner$	$meldeort$
	1	wien
	2	linz
	3	graz
	4	wien

Es wird nun gezeigt, daß die Tabellen **wohnt** und **person** in eine Tabelle zusammengelegt werden können. Dazu verwenden wir die Funktionen $min\#()$ und $max\#()$, welche die minimale und maximale Anzahl der Tupel einer Tabelle bestimmen, und die Funktion $\#()$, welche die tatsächliche Zahl der Tupel in einer Tabelle ermittelt. Allgemein gilt

$$min\#(X) \leq \#(X) \leq max\#()$$

Aus den Inklusionsabhängigkeiten

$$tupid(person) \xrightarrow{inkl} wert(bewohner,wohnt)$$
$$wert(bewohner,wohnt) \xrightarrow{inkl} tupid(person)$$

folgt, daß

$$min\#(\mathbf{wohnt}) = min\#(\mathbf{person})$$

da für jede Person zumindest ein Eintrag in der Tabelle **wohnt** im Attribut *bewohner* existieren muß und umgekehrt. Aus der funktionalen Abhängigkeit

$$wert(bewohner,wohnt) \Rightarrow wert(meldeort,wohnt)$$

folgt, daß

$$min\#(\mathbf{wohnt}) = max\#(\mathbf{wohnt}) = \#(\mathbf{wohnt})$$

da *bewohner* die anderen Attribute bestimmt und somit keine gleichen Werte gestattet sind. In gleicher Weise folgt aus der funktionalen Abhängigkeit

$$wert(svn,person) \Rightarrow tupid(person)$$

daß

$$min\#(\mathbf{person}) = max\#(\mathbf{person}) = \#(\mathbf{person})$$

Somit muß in einem konsistenten Datenbankzustand die Zahl der Tupel in den Tabellen **person** und **wohnt** gleich sein, wodurch die beiden Tabellen zusammengelegt werden können, ohne daß dadurch Nullwerte entstehen.

person	*svn*	*name*	*wohnt-bewohner*	*wohnt-meldeort*
	1	hansen	1	wien
	2	tjoa	2	linz
	3	jammernegg	3	graz
	4	janko	4	wien

Diese Zusammenlegung der Tabellen könnte durch folgende
zwei funktionale Abhängigkeiten erreicht werden:

tupid(person) $\Rightarrow$ *tupid(wohnt)*
tupid(wohnt) $\Rightarrow$ *tupid(person)*

Allerdings ist diese Zusammenlegung nicht das einzige Problem, es
müssen weiters noch einerseits das nun nutzlos gewordene Attribut
bewohner eliminiert werden, etwaige Referenzen auf den Objekttyp
wohnt durch Referenzen auf den Objekttyp *person* ersetzt werden,
und andererseits die Namen der beigezogenen Attribute vor Namenskollisionen geschützt werden. Bei der Namensersetzung ergeben sich die Namen der beigezogenen Attribute aus dem Namen
des eliminierten Objekttyps und dem ursprünglichen Attributnamen (hier beispielsweise *wohnt-bewohner*).

In dem endgültigen relationalen Schema erscheint ein n:1-Be-
ziehungstyp mit vollständiger Beteiligung auf der n-Seite wie ein
Entitätstyp mit einer Referenz auf einen anderen Objekttyp, da der
Beziehungstyp eliminiert wurde.

Die in meiner Implementierung angewendete Verkürzungsregel
ist wie folgt formuliert, wobei F für die aus der abstrakten Spezifikation abgeleiteten konkreten funktionalen Abhängigkeiten und I
für die Inklusionsabhängigkeiten steht:

$$wert(Rolle,B) \xrightarrow{inkl} tupid(O) \quad \in I^+ \quad \wedge$$
$$tupid(O) \xrightarrow{inkl} wert(Rolle,B) \quad \in I^+ \quad \wedge$$
$$wert(Rolle,B) \Rightarrow tupid(B) \quad \in F^+ \quad \longrightarrow$$
$$\text{lösche } wert(Rolle,B) \text{ in } I \text{ und } F^+ \text{ und}$$
$$\text{substituiere } B \text{ durch } O \text{ in } I \text{ und } F^+.$$

Diese Ableitungsregel formalisiert die oben anhand des Beispiels
beschriebene Vorgehensweise. Die ersten beiden Überprüfungen in
der Ableitungsregel stellen auf Basis von Inklusionsabhängigkeiten
die vollständige Partizipation des Objekttyps O im Beziehungstyp
B fest. Weiters muß diese Rolle den Objekttyp B identifizieren. Ist
dies sichergestellt, so kann *wert(Rolle,B)* aus I und $F+$ gelöscht werden, und die Objekttypen B können durch O ersetzt werden. Für

I bedeutet das, daß die Inklusionsabhängigkeiten, die den entsprechenden Wert enthalten, gelöscht werden können. Da das Löschen und die Ersetzung in $F+$ aufgrund des hohen Rechenaufwands praktisch nicht durchführbar ist, erfolgen die Operationen direkt auf F, wobei die impliziten funktionalen Abhängigkeiten, die durch direkte Löschung in F wegfallen würden, explizit zu F hinzugefügt werden. Bei der Ersetzung müssen für die Gewährleistung der Eindeutigkeit die Namen der Attribute von zu eliminierenden Objekttypen um den Namen des eliminierten Objekttyps erweitert werden.

Zu beachten ist, daß diese Regel unabhängig vom verwendeten konzeptionellen Modellierungsverfahren ist, also sowohl für ER-Modelle als auch NIAM-Modelle anwendbar ist. In [NH89, S. 259] wird als Bestandteil des sog. ONF-Algorithmus (engl.: optimal normal form) speziell für NIAM-Modelle eine ähnliche Gruppierungsregel angegeben, die allerdings weniger allgemein gehalten ist.

Nach Anwendung der Verkürzungsregel auf die Abhängigkeiten, die aus dem ER-Modell in Abbildung 5.5 abgeleitet wurden, ergibt sich das folgende relationale Schema mit einer Inklusionsabhängigkeit:

Relationales Schema:

	ort
Schlüssel:	*name*
Attribute:	*name*

	person
Schlüssel:	*svn*
Attribute:	*wohnt-meldeort, name, svn*

Inklusionsabhängigkeit:

$$wert(wohnt\text{-}meldeort, person) \xrightarrow{inkl} tupid(ort)$$

Die Verkürzungsregel ist so allgemein formuliert, daß sie im ER-Modell nicht nur auf die Abhängigkeiten von n:1-Beziehungstypen mit vollständigen Beteiligungen auf der n-Seite angewendet werden kann, sondern in gleicher Weise auch für 1:1-Beziehungstypen mit vollständiger Beteiligung gilt (siehe Beispiel 5.6).

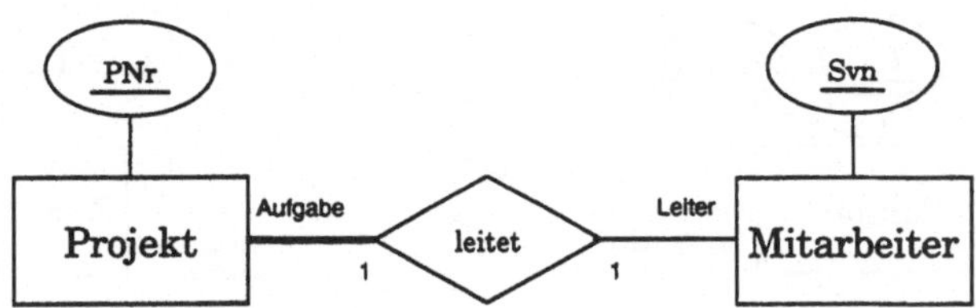

Abbildung 5.6: 1:1-Beziehungstyp mit einer vollständiger Beteiligung

Das nach Anwendung der Verkürzungsregel aus dem Modell in Abbildung 5.6 resultierende relationale Schema und die endgültigen Inklusionsabhängigkeiten werden nachstehend wiedergegeben. Im Unterschied zu einem n:1-Beziehungstyp ist das neu zum Objekttyp beigezogene Attribut identifizierend.

Relationales Schema:

	projekt
Schlüssel:	*leitet-leiter*
	pnr
Attribute:	*pnr, leitet-leiter*

	mitarbeiter
Schlüssel:	*svn*
Attribute:	*svn*

Inklusionsabhängigkeit:

wert(leitet-leiter,projekt) $\xrightarrow{inkl}$ *tupid(mitarbeiter)*

Bei einem 1:1-Beziehungstyp mit beidseitig vollständiger Partizipation (siehe z.B. Abbildung 5.7) kommt gegenüber dem Beispiel in Abbildung 5.6 eine weitere Inklusionsabhängigkeit hinzu, wodurch die Verkürzungsregel zweimal angewendet werden kann.

Aus dem ER-Modell in Abbildung 5.7 wird somit nach zweimaliger Anwendung der Verkürzungsregel ein relationales Schema abgeleitet, das aus einem einzigen Relationsschema besteht. Die Richtung der Zusammenziehung ist hier zufällig (bzw. durch die alphabetische Reihenfolge beeinflußt). Bei einer anderen Implementierung wäre es ebenso möglich gewesen, ein relationales Schema mit dem Namen *fingerabdruck* abzuleiten, dem die Attribute der Person beigefügt wurden. Auch an dieser Stelle sollte dem Benutzer eine Gestaltungsmöglichkeit eingeräumt werden.

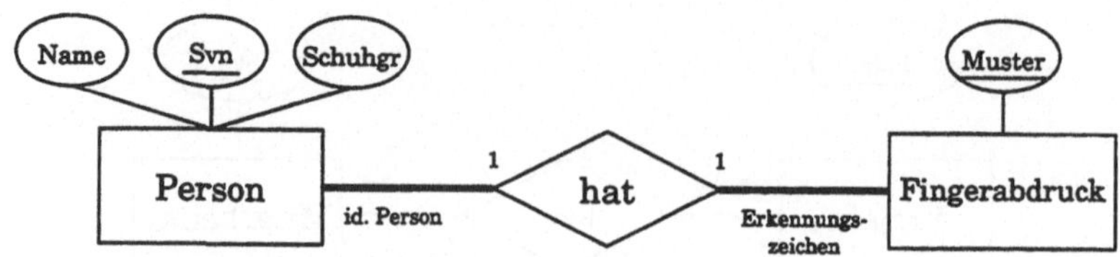

Abbildung 5.7: 1:1-Beziehungstyp mit beidseitig vollständiger Beteiligung

Relationales Schema:

	person
Schlüssel:	*fingerabdruck-muster*
	svn
Attribute:	*name, schuhgr, svn, fingerabdruck-muster*

Die Verkürzungsregel kann im ER-Modell ausschließlich bei binären Beziehungstypen (Beziehungstypen mit zwei Rollen) ohne teilqualifizierende Attribute angewendet werden. Existieren mehr als zwei Rollen oder ein teilqualifizierendes Attribut beim Beziehungstyp, so bestimmt die Rolle in keinem Fall mehr den Beziehungstyp (siehe Verkürzungsregel). Existiert nur eine Rolle (schwacher Entitätstyp), so fehlt hier die vollständige Partizipation (nicht jedem potentiellen Besitzer einer schwachen Entität muß eine solche zugeordnet sein).

5.7 Beispiele für Abbildungen von ER-Modellen in relationale Schemata

In diesem Abschnitt werden Ergebnisse der automatischen Abbildung von unterschiedlichen Formen von ER- und EER-Modellen in relationale Schemata gezeigt. Die ersten Beispiele (5.7-1 bis 5.7-13) wurden möglichst stark vereinfacht, um die Beispiele auf das Wesentliche zu beschränken. Die späteren Beispiele sind mit mehr Attributen ausgestattet und entsprechen in höherem Maße praktischen Anwendungen.

Bei den folgenden Beispielen zeigt sich ein deutlicher Vorteil der hier vorgestellten Methode gegenüber traditionellen Abbildungsverfahren wie beispielsweise [TYF86] oder [EN89], welche die Transformation auf strukturellen Eigenschaften von ER-Modellen basieren. Da durch den hier vorgestellten Ansatz die Transformation stattdessen auf Abhängigkeiten beruht, wird eine konsistentere und konsequentere Abbildung erreicht. Auf diese Weise können die nachstehend angeführten *„Fehler"* bei anderen Abbildungsverfahren durch inkonsequente Abbildung von einzelnen ER-Strukturen begründet werden.

Selbstbezügliche, binäre Beziehungstypen: Die ersten Beispiele behandeln selbstbezügliche, binäre Beziehungstypen, die in der Literatur auch als unäre Beziehungstypen [TYF86] oder rekursive Beziehungstypen [EN89] bezeichnet werden. Durch diesen Beziehungstyp tritt ein Entitätstyp mit sich selber in Beziehung.

Im Beispiel 5.7-1 wird in der Datenbank vermerkt, ob ein Angestellter mit einem anderen Angestellten verheiratet ist. Bei [TYF86] wird bei der Abbildung in das relationale Modell ein einziges Relationsschema erzeugt, wobei für den Ehepartner Nullwerte erlaubt sind. Das durch unseren Ansatz abgeleitete relationale Schema besteht aus zwei Relationsschemata, wodurch niemals Nullwerte notwendig sind (Date empfiehlt in [DW90, S. 392] die Vermeidung von Nullwerten). Da im ER-Modell ein 1:1-Beziehungstyp gegeben war, müßte auch für die zweite Seite des Beziehungstyps UNIQUE angegeben werden. Der SQL-Standard erlaubt allerdings für UNIQUE-Attribute keine Nullwerte, wodurch die Lösung mit einer Tabelle in [TYF86] unzureichend ist. In [Teo90] ist der gleiche Fehler enthalten.

Das ER-Modell in Abbildung 5.7-2 definiert, daß jeder Gehilfe genau einen anderen Gehilfen als Partner zugeordnet hat und umgekehrt. Beispiel 5.7-3 beschreibt eine Situation, in der jeder *Angestellte* genau einen *Vorgesetzten* besitzt, der selber wiederum Angestellter ist. In Beispiel 5.7-4 wird definiert, daß jeder Tutor für andere Tutoren Kurse hält, wobei jeder Tutor an diesen Kursen teilnehmen muß. Schließlich wird in Beispiel 5.7-5 ein selbstbezüglicher n:m-Beziehungstyp mit beidseitig vollständiger Beteiligung definiert, wobei jedes Projekt mit mehreren Projekten Information austauscht.

Die rein strukturelle Information der Relationsschemata für die Beispiele 5.7-2 bis 5.7-5 entspricht der von [TYF86]. Allerdings existieren Unterschiede für die Beispiele 5.7-2 bis 5.7-4. Die Lösung von [TYF86] für das Beispiel 5.7-2 stellt nicht sicher, daß der Schlüssel des Relationsschemas auch im Nicht-Schlüsselattribut enthalten ist.

Die Lösung von [TYF86] für das Beispiel 5.7-3 erlaubt Nullwerte im Fremdschlüsselattribut (hier ist das Attribut *Vorgesetzter*), was meines Erachtens nicht richtig ist, da – laut der Definition der vollständigen Partizipation – jeder *Mitarbeiter* einem *Vorgesetzten* unterstellt sein muß. Die Autoren von [TYF86] dürften von der Bezeichnung *„optional"* in ihrer ER-Darstellung mißgeleitet worden sein. Die Lösung dieser Problemstellung in [Teo90] stimmt mit der hier vorgeschlagenen Lösung überein.

Nach dem hier vorgeschlagenen Ansatz ist das Ergebnis von Beispiel 5.7-2 und Beispiel 5.7-4 identisch. Da im Beispiel 5.7-4 das Attribut *Pnr* den Vortragenden bestimmt, und jeder Tutor in *Pnr* und in *Vortragender* enthalten ist, kann in *Pnr* kein Wert doppelt auftreten. Da auch jeder Tutor genau einmal in der Rolle *Vortragender* enthalten ist, existiert auch für jeden *Vortragenden* genau ein *Zuhörer*, wodurch das Beispiel einem 1:1-Beziehungstyp mit beidseitig vollständiger Beteiligung entspricht (also dem Beispiel 5.7-4). Die n-Seite des Beziehungstyps kann aufgrund der vollständigen Partizipationen nicht ausgeschöpft werden.

Beispiel 5.7-5 enthält einen Beziehungstyp mit beidseitig vollständiger Partizipation. Das relationale Schema entspricht dem Ergebnis von [TYF86] mit der Ausnahme, daß dort die beiden Rollen jeweils als einzelne Schlüssel angegeben werden, was allerdings ein Druckfehler sein dürfte. Richtig ist, daß die beiden Rollen gemeinsam den Schlüssel bilden.

Binäre Beziehungstypen: Die nächsten Beispiele behandeln binäre Beziehungstypen, die Aufgabenstellungen sind wiederum an [TYF86] angelehnt. Die Lösung für Beispiele 5.7-6 und 5.7-7 entspricht den relationalen Schemata von [TYF86], für die Beispiele

5.7-8 und 5.7-10 wird durch den hier vorgestellten Ansatz jeweils ein
zusätzliches Relationsschema erzeugt, wodurch Nullwerte verhindert werden. Sowohl in [TYF86] also auch in [Teo90] erfolgt die Modellierung für Beispiel 5.7-8 mittels eines Schlüsselattributs, für das
Nullwerte erlaubt sind, was nach dem SQL-Standard ungültig ist.
Für das Beispiel 5.7-9 hingegen wird ein Relationsschema weniger
erzeugt. Die Inklusionsabhängigkeiten werden für diese Beispiele bei [TYF86] und [Teo90] für vollständige Partizipationen unzureichend ausgewiesen (auch bei dem hier vorgeschlagenen Ansatz
wird hierfür die FOREIGN-VALUE-Erweiterung benötigt).

Die Beispiele 5.7-11 und 5.7-12 enthalten Beziehungstypen mit
Attributen, wobei im letzten Beispiel ein teilqualifizierendes Attribut auftritt. Dies ist eine in dieser Arbeit vorgeschlagene Erweiterung für das EER-Modell (vgl. Definition der Abhängigkeit (E-3)
auf Seite 60), die sich besonders für die Modellierung betrieblicher
Vorgänge, in denen die Zeit eine Rolle spielt, eignet. Wäre im
Beispiel 5.7-12 das Attribut *Datum* nicht teilqualifizierend, so könnten in der Tabelle *liefert* Ausprägungen der Attributkombination
von *Händler* und *Produkt* nur ein einziges Mal auftreten, da diese
gemeinsam den Schlüssel der Tabelle bilden. Ein *Händler* könnte
somit ein *Produkt* nur ein einziges Mal liefern. Wird hingegen *Datum* als teilqualifizierendes Attribut modelliert, so wird *Datum* zum
Schlüssel hinzugefügt, das gesamte Tripel ist identifizierend. Durch
diese Modellierung ist die mehrfache Lieferung eines Produkts von
einem Händler zu unterschiedlichen Zeitpunkten gültig.

Dreistellige Beziehungstypen: Beispiel 5.7-13 zeigt ein teilqualifizierendes Attribut für einen dreistelligen Beziehungstyp. Im Beispiel 5.7-14 wird ein selbstbezüglicher dreistelliger Beziehungstyp
umgewandelt, wobei für den Beziehungstyp ein eigenes Relationsschema angelegt wurde. Derartige *„abartige"* Konstrukte werden
von der ER-Literatur üblicherweise nicht behandelt. Da die hier vorgeschlagenen Transformationen auf den Abhängigkeiten und nicht
auf struktureller Information basieren, ist die Umwandlung in ein
entsprechendes relationales Schema kein Problem.

Anwendungsbeispiele: Das Meta-EER-Modell, das Grundlage für die Eins-zu-eins-Repräsentation des EER-Modells darstellte, wird gemeinsam mit den SQL-Tabellenerzeugungsanweisungen im Beispiel 5.7-15 wiedergegeben.

Das Beispiel 5.7-16 stammt von Markowitz und Shoshani [MS92], die aufzeigen, daß dieses Modell von einzelnen Transformationsmethoden nicht in ein normalisiertes relationales Modell umgewandelt werden kann. Durch die rigorose Namensgebung des hier verfolgten Ansatzes wird das Problem verhindert, das Ergebnis entspricht dem in [MS92].

Beispiel 5.7-17 basiert ebenso auf [MS92]. In [MS92] werden Nullwerte explizit behandelt, allerdings werden dort keine vollständigen Partizipationen erlaubt. Um die Zusammenziehung vom Entitätstyp *Projekt* mit dem Beziehungstyp *zusehen* anzustoßen, wird im ER-Modell zwischen diesen beiden Konzepten eine vollständige Partizipation eingetragen. Markowitz und Shoshani [MS92] erlauben für den Projektleiter Nullwerte, da diese Partizipation in deren Modell nicht vollständig ist (bei [MS92] kann ein Projekt ohne Projektleiter eingetragen werden).

Das Beispiel 5.7-18 ist an [Teo90] angelehnt, die Modellierung ist – abgesehen von der mangelnden Abbildung von vollständigen Partizipationen bei [Teo90] – gleich. Das ER-Modell in Beispiel 5.7-19 basiert auf [EN89], wo allerdings ein mehrwertiges Attribut auftritt, das hier nicht behandelt wird. Die Tabellenstruktur der hier vorgeschlagenen Lösung entspricht, abgesehen vom Beziehungstyp *beaufsichtigt*, der Lösung von [EN89], wo dieser unter Zuhilfenahme von Nullwerten in der Tabelle *Angestellter* aufgelöst wird. Im relationalen Schema von [EN89] scheinen nicht alle Schlüsselkandidaten und Fremdattributreferenzen auf. Bei meiner Implementierung erfolgt die Schlüsselvergabe jeweils automatisch vom Programm. Für die Tabelle *Abteilung* wurde hier ein wohl semantisch richtiges Attribut (*Abteilungsleiter*) ausgewählt, das allerdings für praktische Anwendungen unzweckmäßig ist. Anwenderpräferenzen sollten in einer Weiterentwicklung meiner Implementierung geltend gemacht werden können.

In Beispiel 5.7-20 wird die Subtypenbildung von schwachen Entitätstypen gezeigt. Dabei wird der zusammengesetzte Schlüssel, der durch Elimination der Tupel-Identifikatoren in den Inklusions-abhängigkeiten entstanden ist, gemeinsam mit den weiteren Attributen des Supertyps vererbt (vom Entitätstyp *Haus* auf *öffentliches Gebäude*). Der Subtyp eines schwachen Entitätstyps ist somit ebenfalls ein schwacher Entitätstyp, das identifizierende Attribut des besitzenden Entitätstyps wird ebenso zum Schlüssel des Subtyps hinzugefügt.

In Beispiel 5.7-21 (nach [MS92]) tritt ein Subtyp (*Studienassistent*) mit mehreren Supertypen (*Assistent* und *fortgeschrittener Student*) auf, der von beiden Entitätstypen Attribute erbt. Ein *Studienassistent* besitzt sowohl eine Matrikelnummer *Mat-Nr* als auch eine Sozialversicherungsnummer *SVN*.

Beispiel 5.7-1: Selbstbezüglicher (1/partiell):(1/partiell)-Beziehungstyp

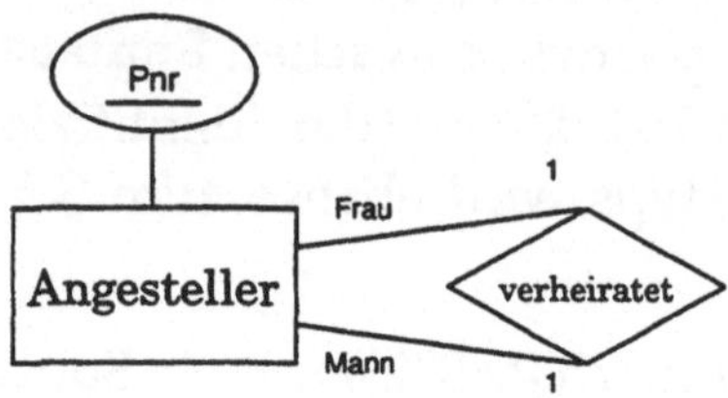

Relationales Schema:

	angestellter
Schlüssel:	*pnr*
Attribute:	*pnr*

	verheiratet
Schlüssel:	*ehepartner2*
	ehepartner1
Attribute:	*ehepartner1, ehepartner2*

Inklusionsabhängigkeiten:

$wert(ehepartner1, verheiratet) \xrightarrow{inkl.} tupid(angestellter)$

$wert(ehepartner2, verheiratet) \xrightarrow{inkl.} tupid(angestellter)$

SQL-Tabellenerzeugungsanweisungen:

```
CREATE TABLE verheiratet (
   ehepartner1  ...  REFERENCES angestellter,
   ehepartner2  ...  REFERENCES angestellter,
   UNIQUE (ehepartner2),
   UNIQUE (ehepartner1)
);

CREATE TABLE angestellter (
   pnr  ...   PRIMARY KEY
);
```

Beispiel 5.7-2: Selbstbezüglicher (1/vollständig):(1/vollständig)-Beziehungstyp

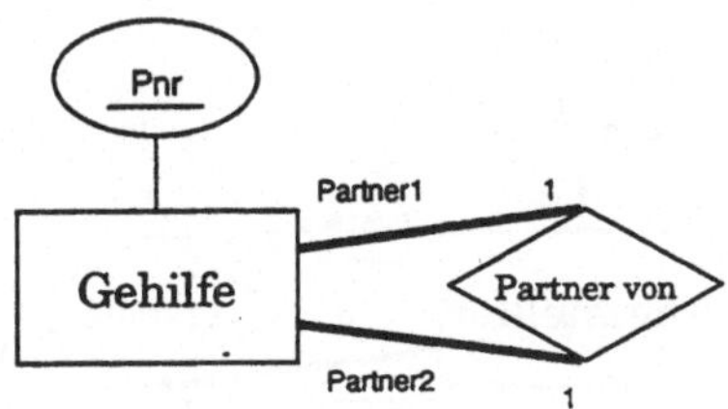

Relationales Schema:

	gehilfe
Schlüssel:	*partner_von-partner2*
	pnr
Attribute:	*pnr, partner_von-partner2*

Beispieltabelle:

gehilfe	*pnr*	*partner_von-partner2*
	p1	p2
	p2	p3
	p3	p1

Inklusionsabhängigkeiten:

tupid(gehilfe) $\xrightarrow{inkl}$ *wert(partner_von-partner2,gehilfe)*

wert(partner_von-partner2,gehilfe) $\xrightarrow{inkl}$ *tupid(gehilfe)*

SQL-Tabellenerzeugungsanweisungen:

```
CREATE TABLE gehilfe (
   pnr  ...   PRIMARY KEY,
   partner_von-partner2  ...,
   UNIQUE  (partner_von-partner2),
   FOREIGN KEY (partner_von-partner2) REFERENCES gehilfe
);
```

Beispiel 5.7-3: Selbstbezüglicher (1/partiell):(n/vollständig)-Beziehungstyp

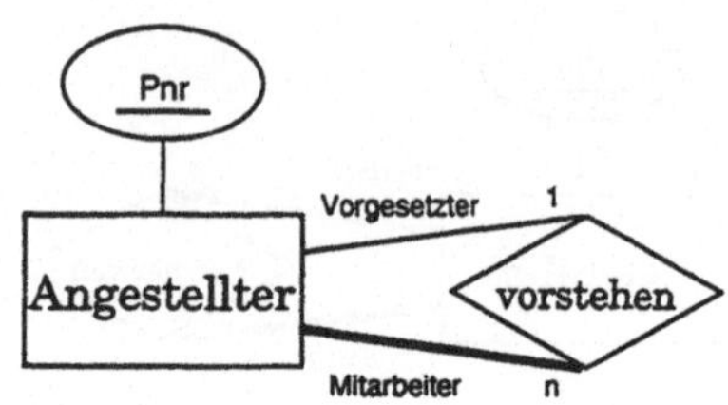

Relationales Schema:

	angestellter
Schlüssel:	*pnr*
Attribute:	*vorstehen-vorgesetzter, pnr*

Beispieltabelle:

angestellter	*pnr*	*vorstehen-vorgesetzter*
	p1	p1
	p2	p1
	p3	p1

Inklusionsabhängigkeit:

wert(vorstehen-vorgesetzter,angestellter) $\xrightarrow{inkl}$ *tupid(angestellter)*

SQL-Tabellenerzeugungsanweisungen:

```
CREATE TABLE angestellter (
    pnr                     ...  PRIMARY KEY,
    vorstehen-vorgesetzter  ...  REFERENCES angestellter
);
```

Beispiel 5.7-4: Selbstbezüglicher (1/vollständig):(n/vollständig)-Beziehungstyp

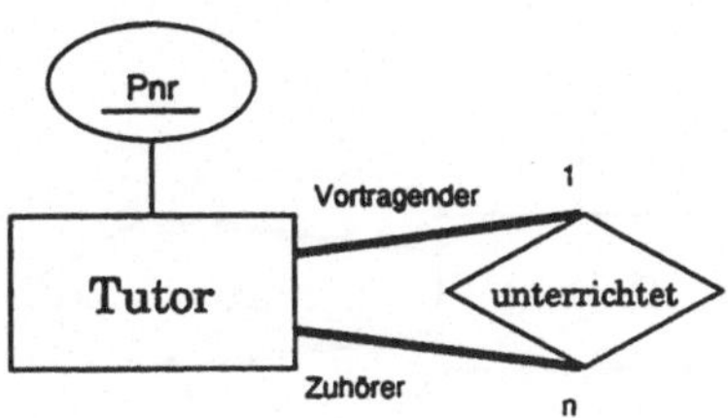

Relationales Schema:

	tutor
Schlüssel:	*pnr*
Attribute:	*pnr, unterrichtet-vortragender*

Beispieltabelle:

tutor	*pnr*	*unterrichtet-vortragender*
	p1	p2
	p2	p3
	p3	p1

Inklusionsabhängigkeiten:

$tupid(tutor) \xrightarrow{inkl} wert(unterrichtet\text{-}vortragender,tutor)$

$wert(unterrichtet\text{-}vortragender,tutor) \xrightarrow{inkl} tupid(tutor)$

SQL-Tabellenerzeugungsanweisungen:

```
CREATE TABLE tutor (
   pnr                         ...  PRIMARY KEY,
   unterrichtet-vortragender   ...  REFERENCES tutor,
   FOREIGN VALUE (pnr)
         REFERENCES tutor (unterrichtet-vortragender)
);
```

Beispiel 5.7-5: Selbstbezüglicher (n/vollständig):(m/vollständig)-Beziehungstyp

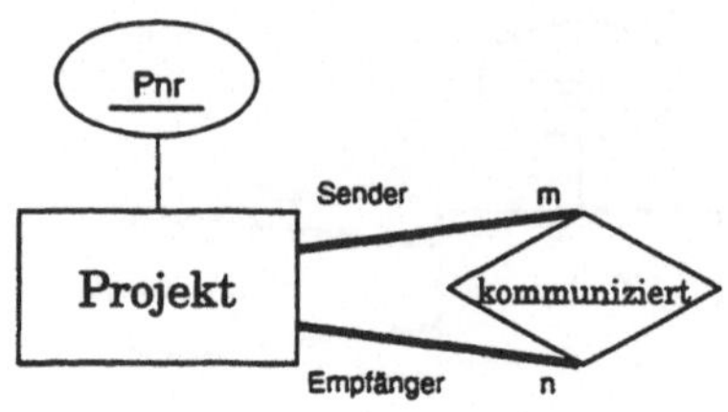

Relationales Schema:

	projekt
Schlüssel:	*pnr*
Attribute:	*pnr*

	kommuniziert
Schlüssel:	*empfänger ∪ sender*
Attribute:	*empfänger, sender*

Inklusionsabhängigkeiten:

tupid(projekt) $\xrightarrow{inkl}$ *wert(empfänger,kommuniziert)*

tupid(projekt) $\xrightarrow{inkl}$ *wert(sender,kommuniziert)*

wert(empfänger,kommuniziert) $\xrightarrow{inkl}$ *tupid(projekt)*

wert(sender,kommuniziert) $\xrightarrow{inkl}$ *tupid(projekt)*

SQL-Tabellenerzeugungsanweisungen:

```
CREATE TABLE projekt (
   pnr  ...    PRIMARY KEY,
   FOREIGN VALUE (pnr) REFERENCES kommuniziert (empfänger),
   FOREIGN VALUE (pnr) REFERENCES kommuniziert (sender)
);


CREATE TABLE kommuniziert (
   empfänger  ...   REFERENCES projekt,
   sender     ...   REFERENCES projekt,
   UNIQUE (empfänger, sender)
);
```

Beispiel 5.7-6: (1/vollständig):(1/partiell)-Beziehungstyp

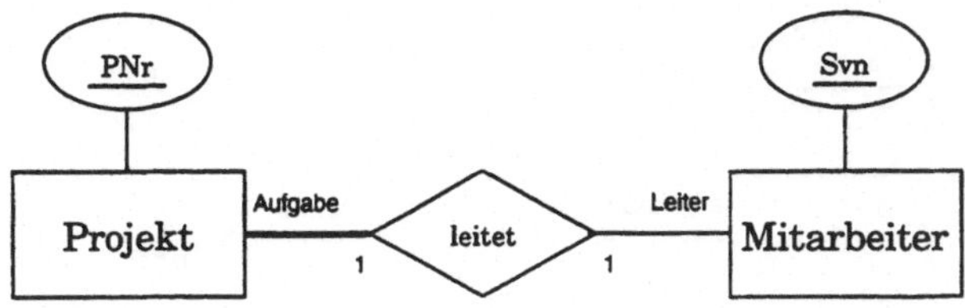

Relationales Schema:

	projekt
Schlüssel:	*leitet-leiter*
	pnr
Attribute:	*leitet-leiter, pnr*

	mitarbeiter
Schlüssel:	*svn*
Attribute:	*svn*

Inklusionsabhängigkeiten:

$$wert(\textit{leitet-leiter,projekt}) \xrightarrow{inkl} tupid(\textit{mitarbeiter})$$

SQL-Tabellenerzeugungsanweisungen:

```
CREATE TABLE projekt (
    pnr              ...  ,
    leitet-leiter  ...   REFERENCES mitarbeiter,
    UNIQUE (leitet-leiter),
    UNIQUE (pnr)
);


CREATE TABLE mitarbeiter (
    svn  ...    PRIMARY KEY
);
```

Beispiel 5.7-7: (1/vollständig):(n/vollständig)-Beziehungstyp

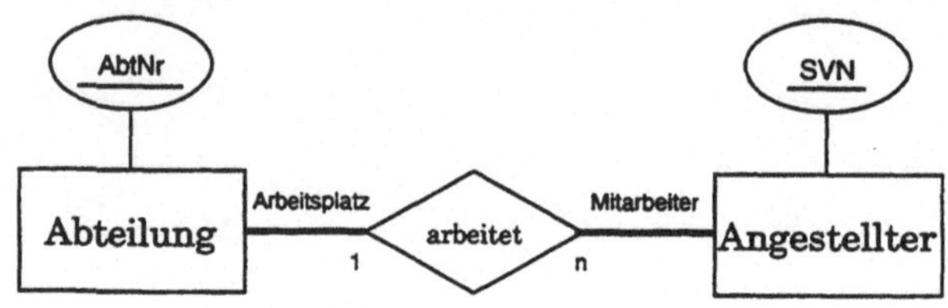

Relationales Schema:

	angestellter
Schlüssel:	*svn*
Attribute:	*svn, arbeitet-arbeitsplatz*

	abteilung
Schlüssel:	*abtnr*
Attribute:	*abtnr*

Inklusionsabhängigkeiten:

tupid(abteilung) $\xrightarrow{inkl}$ *wert(arbeitet-arbeitsplatz,angestellter)*

wert(arbeitet-arbeitsplatz,angestellter) $\xrightarrow{inkl}$ *tupid(abteilung)*

SQL-Tabellenerzeugungsanweisungen:

```
CREATE TABLE angestellter (
   svn                     ... ,
   arbeitet-arbeitsplatz   ...   REFERENCES abteilung,
   UNIQUE (svn)
);


CREATE TABLE abteilung (
   abtnr  ...   PRIMARY KEY,
   FOREIGN VALUE (abtnr)
         REFERENCES angestellter (arbeitet-arbeitsplatz)
);
```

Beispiel 5.7-8: (1/partiell):(1/partiell)-Beziehungstyp

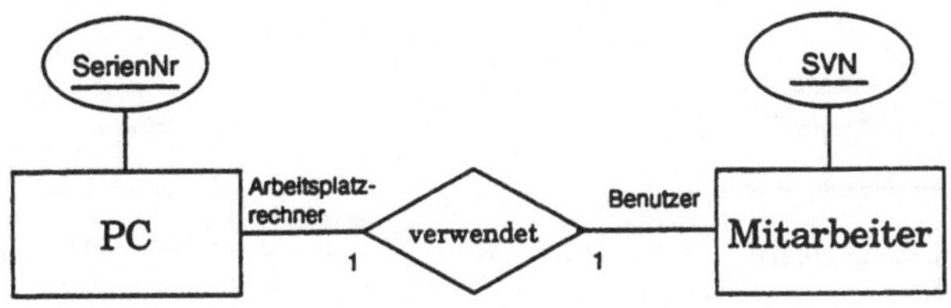

Relationales Schema:

	mitarbeiter
Schlüssel:	*svn*
Attribute:	*svn*

	pc
Schlüssel:	*serien-nr*
Attribute:	*serien-nr*

	verwendet
Schlüssel:	*benutzer*
	arbeitsplatzrechner
Attribute:	*arbeitsplatzrechner, benutzer*

Inklusionsabhängigkeiten:

wert(arbeitsplatzrechner,verwendet) $\xrightarrow{inkl}$ *tupid(pc)*

wert(benutzer,verwendet) $\xrightarrow{inkl}$ *tupid(mitarbeiter)*

SQL-Tabellenerzeugungsanweisungen:

```
CREATE TABLE verwendet (
   arbeitsplatzrechner  ...  REFERENCES pc,
   benutzer             ...  REFERENCES mitarbeiter,
   UNIQUE (benutzer)
   UNIQUE (arbeitsplatzrechner)
);

CREATE TABLE pc (
   serien-nr            ...  PRIMARY KEY
);

CREATE TABLE mitarbeiter (
   svn                  ...  PRIMARY KEY
);
```

Beispiel 5.7-9: (1/vollständig):(1/vollständig)-Beziehungstyp

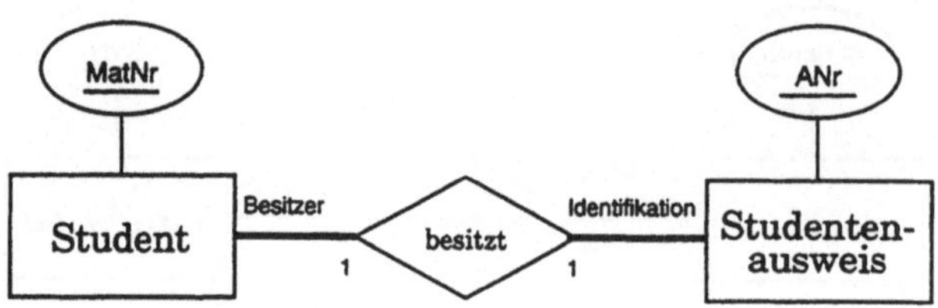

Relationales Schema:

	studentenausweis
Schlüssel:	*student-matnr*
	anr
Attribute:	*anr, student-matnr*

SQL-Tabellenerzeugungsanweisungen:

```
CREATE TABLE studentenausweis (
    anr             ...  ,
    student-matnr  ...  ,
    UNIQUE (student-matnr),
    UNIQUE (anr)
);
```

Beispiel 5.7-10: (1/partiell):(n/partiell)-Beziehungstyp

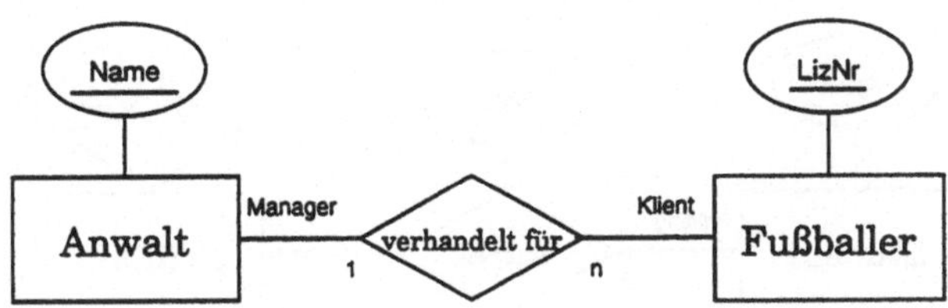

Relationales Schema:

	verhandelt_für
Schlüssel:	*klient*
Attribute:	*klient, manager*

	fußballer
Schlüssel:	*liznr*
Attribute:	*liznr*

	anwalt
Schlüssel:	*name*
Attribute:	*name*

Inklusionsabhängigkeiten:

$wert(klient,verhandelt\_für) \xrightarrow{inkl} tupid(fußballer)$

$wert(manager,verhandelt\_für) \xrightarrow{inkl} tupid(anwalt)$

SQL-Tabellenerzeugungsanweisungen:

```
CREATE TABLE verhandelt_für (
    klient   ...   REFERENCES fußballer,
    manager  ...   REFERENCES anwalt,
    UNIQUE (klient)
);

CREATE TABLE fußballer (
    liznr    ...   PRIMARY KEY
);

CREATE TABLE anwalt (
    name     ...   PRIMARY KEY
);
```

Beispiel 5.7-11: Beziehungstyp mit Attribut

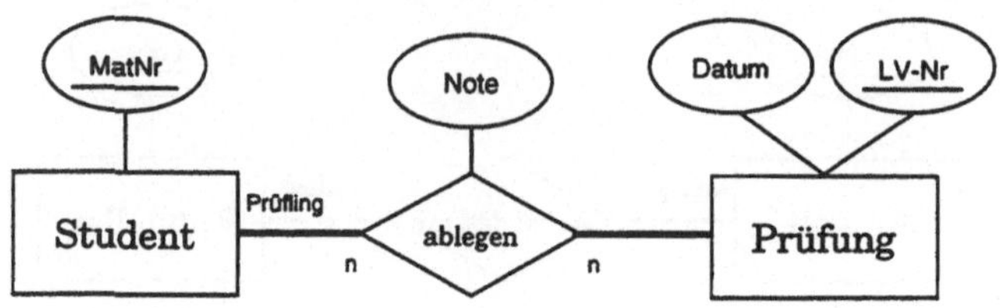

Relationales Schema:

	student
Schlüssel:	*matnr*
Attribute:	*matnr*

	prüfung
Schlüssel:	*lvnr*
Attribute:	*datum, lvnr*

	ablegen
Schlüssel:	*prüfling ∪ prüfung*
Attribute:	*note, prüfling, prüfung*

Inklusionsabhängigkeiten:

$tupid(prüfung) \xrightarrow{inkl} wert(prüfung,ablegen)$

$wert(prüfling,ablegen) \xrightarrow{inkl} tupid(student)$

$wert(prüfung,ablegen) \xrightarrow{inkl} tupid(prüfung)$

SQL-Tabellenerzeugungsanweisungen:

```
CREATE TABLE student (
   matnr      ...  PRIMARY KEY
);

CREATE TABLE prüfung (
   datum      ...  ,
   lvnr       ...  PRIMARY KEY,
   FOREIGN VALUE (lvnr) REFERENCES ablegen (prüfung)
);

CREATE TABLE ablegen (
```

```
    note  ... ,
    prüfling  ...  REFERENCES student,
    prüfung   ...  REFERENCES prüfung
    UNIQUE (prüfling, prüfung)
);
```

Beispiel 5.7-12: Beziehungstyp mit teilqualifizierendem Attribut

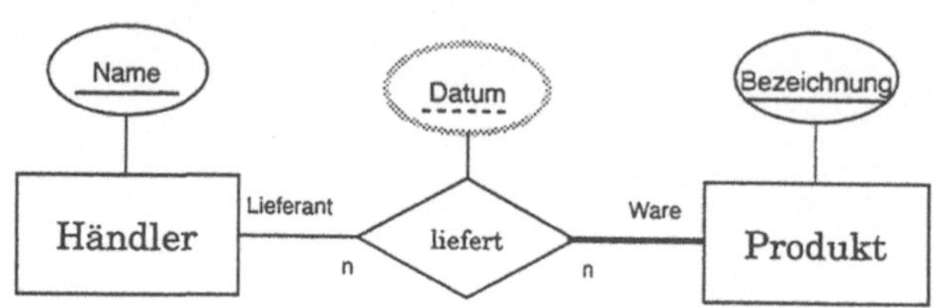

Relationales Schema:

	händler
Schlüssel:	*name*
Attribute:	*name*

	produkt
Schlüssel:	*bezeichnung*
Attribute:	*bezeichnung*

	liefert
Schlüssel:	*datum ∪ lieferant ∪ ware*
Attribute:	*datum, lieferant, ware*

Inklusionsabhängigkeiten:

$tupid(produkt) \xrightarrow{inkl} wert(ware, liefert)$

$wert(lieferant, liefert) \xrightarrow{inkl} tupid(händler)$

$wert(ware, liefert) \xrightarrow{inkl} tupid(produkt)$

SQL-Tabellenerzeugungsanweisungen:

```
CREATE TABLE händler (
    name          ...     PRIMARY KEY
);


CREATE TABLE liefert (
    datum         ...   ,
    lieferant     ...     REFERENCES händler,
    ware          ...     REFERENCES produkt,
    UNIQUE (datum, lieferant, ware)
);
```

```
CREATE TABLE produkt (
    bezeichnung ...    PRIMARY KEY,
    FOREIGN VALUE (bezeichnung)
            REFERENCES liefert (ware)
);
```

Beispiel 5.7-13: Dreistelliger Beziehungstyp mit teilqualifizierendem Attribut

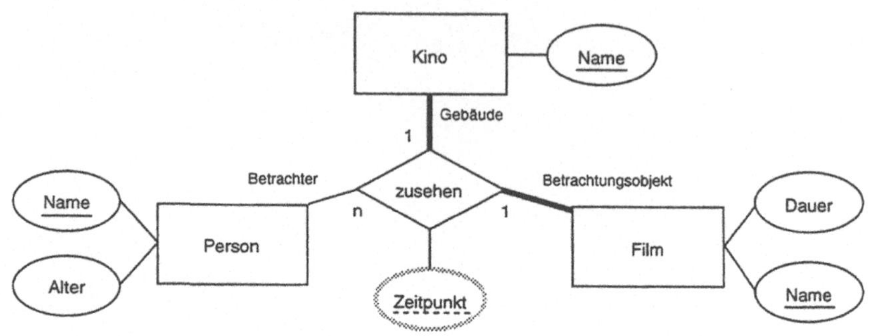

Relationales Schema:

	kino
Schlüssel:	*name*
Attribute:	*name*

	person
Schlüssel:	*name*
Attribute:	*alter, name*

	film
Schlüssel:	*name*
Attribute:	*dauer, name*

	zusehen
Schlüssel:	*betrachter* ∪ *gebäude* ∪ *zeitpunkt*
	betrachter ∪ *betrachtungsobjekt* ∪ *zeitpunkt*
Attribute:	*betrachter, betrachtungsobjekt, gebäude, zeitpunkt*

Inklusionsabhängigkeiten:

tupid(kino) $\xrightarrow{inkl}$ *wert(betrachtungsobjekt,zusehen)*

tupid(kino) $\xrightarrow{inkl}$ *wert(gebäude,zusehen)*

wert(betrachter,zusehen) $\xrightarrow{inkl}$ *tupid(person)*

wert(betrachtungsobjekt,zusehen) $\xrightarrow{inkl}$ *tupid(kino)*

wert(gebäude,zusehen) $\xrightarrow{inkl}$ *tupid(kino)*

SQL-Tabellenerzeugungsanweisungen:

```
CREATE TABLE zusehen (
    betrachter              ...   REFERENCES person,
    betrachtungsobjekt      ...   REFERENCES kino,
    gebäude                 ...   REFERENCES kino,
    zeitpunkt               ...   ,
    UNIQUE (betrachter, gebäude, zeitpunkt)
    UNIQUE (betrachter, betrachtungsobjekt, zeitpunkt)
);

CREATE TABLE person (
    alter   ...   ,
    name    ...   PRIMARY KEY
);

CREATE TABLE kino (
    name     ...   PRIMARY KEY,
    FOREIGN VALUE (name)
            REFERENCES zusehen (gebäude),
    FOREIGN VALUE (name)
            REFERENCES zusehen  (betrachtungsobjekt)
);

CREATE TABLE film (
    dauer   ...   ,
    name    ...   ,
    UNIQUE (name)
);
```

Beispiel 5.7-14: Arithmetik

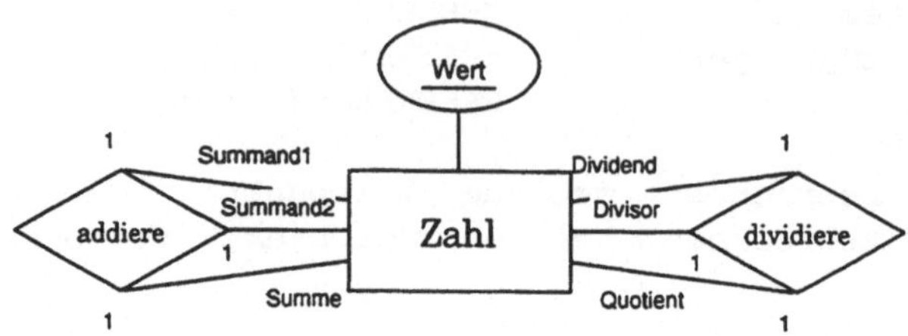

Relationales Schema:

	zahl
Schlüssel:	*wert*
Attribute:	*wert*

	dividiere
Schlüssel:	*divisor* ∪ *quotient*
	dividend ∪ *quotient*
	dividend ∪ *divisor*
Attribute:	*dividend, divisor, quotient*

	addiere
Schlüssel:	*summand2* ∪ *summe*
	summand1 ∪ *summe*
	summand1 ∪ *summand2*
Attribute:	*summand1, summand2, summe*

Inklusionsabhängigkeiten:

$wert(dividend, dividiere) \xrightarrow{inkl} tupid(zahl)$

$wert(divisor, dividiere) \xrightarrow{inkl} tupid(zahl)$

$wert(quotient, dividiere) \xrightarrow{inkl} tupid(zahl)$

$wert(summand1, addiere) \xrightarrow{inkl} tupid(zahl)$

$wert(summand2, addiere) \xrightarrow{inkl} tupid(zahl)$

$wert(summe, addiere) \xrightarrow{inkl} tupid(zahl)$

SQL-Tabellenerzeugungsanweisungen:

```
CREATE TABLE zahl (
   wert      ...   PRIMARY KEY
);
```

```
CREATE TABLE dividiere (
   dividend  ...  REFERENCES zahl,
   divisor   ...  REFERENCES zahl,
   quotient  ...  REFERENCES zahl,
   UNIQUE (divisor, quotient),
   UNIQUE (dividend, quotient),
   UNIQUE (dividend, divisor)
);

CREATE TABLE addiere (
   summand1  ...  REFERENCES zahl,
   summand2  ...  REFERENCES zahl,
   summe     ...  REFERENCES zahl,
   UNIQUE (summand2, summe),
   UNIQUE (summand1, summe),
   UNIQUE (summand1, summand2)
);
```

Beispiel 5.7-15: Ein Meta-EER-Modell

Relationales Schema:

	rolle
Schlüssel:	*name ∪ p_beziehungstyp*
Attribute:	*kardinalität, name, p_beziehungstyp, p_entitätstyp, partizipation*

	generalisierung
Schlüssel:	*name*
Attribute:	*name, vollständigkeit, überlappung, g_über-übertyp*

	objekttyp
Schlüssel:	*name*
Attribute:	*name*

	g_unter
Schlüssel:	*träger* ∪ *untertyp*
Attribute:	*träger, untertyp*

	entitätstyp
Schlüssel:	*name*
Attribute:	*name*

	beziehungstyp
Schlüssel:	*name*
Attribute:	*name*

	besitzt
Schlüssel:	*name* ∪ *schwacher_entitätstyp*
Attribute:	*besitzer, name, schwacher_entitätstyp*

	attribut
Schlüssel:	*attributsträger* ∪ *name*
Attribute:	*attributsträger, name, typ*

Inklusionsabhängigkeiten:

$tupid(beziehungstyp) \xrightarrow{inkl} tupid(objekttyp)$

$tupid(beziehungstyp) \xrightarrow{inkl} wert(p\_beziehungstyp,rolle)$

$tupid(entitätstyp) \xrightarrow{inkl} tupid(objekttyp)$

$tupid(generalisierung) \xrightarrow{inkl} wert(träger,g\_unter)$

$wert(attributsträger,attribut) \xrightarrow{inkl} tupid(objekttyp)$

$wert(besitzer,besitzt) \xrightarrow{inkl} tupid(entitätstyp)$

$wert(p\_beziehungstyp,rolle) \xrightarrow{inkl} tupid(beziehungstyp)$

$wert(p\_entitätstyp,rolle) \xrightarrow{inkl} tupid(entitätstyp)$

$wert(schwacher\_entitätstyp,besitzt) \xrightarrow{inkl} tupid(entitätstyp)$

$wert(träger,g\_unter) \xrightarrow{inkl} tupid(generalisierung)$

$wert(untertyp,g\_unter) \xrightarrow{inkl} tupid(entitätstyp)$

$wert(g\_über-übertyp,generalisierung) \xrightarrow{inkl} tupid(entitätstyp)$

SQL-Tabellenerzeugungsanweisungen:

```
CREATE TABLE rolle (
    kardinalität       ... ,
    name               ... ,
    p_beziehungstyp    ... REFERENCES beziehungstyp,
    p_entitätstyp      ... REFERENCES entitätstyp,
    partizipation      ... ,
```

```
    UNIQUE (name, p_beziehungstyp)
);

CREATE TABLE objekttyp (
   name                 ...  PRIMARY KEY
);

CREATE TABLE generalisierung (
   name              ...  PRIMARY KEY,
   vollständigkeit   ...  ,
   überlappung       ...  ,
   g_über-übertyp    ...  REFERENCES entitätstyp,
   FOREIGN VALUE (name)   REFERENCES g_unter (träger)

);

CREATE TABLE g_unter (
   träger            ...  REFERENCES generalisierung,
   untertyp          ...  REFERENCES entitätstyp,
   UNIQUE (träger, untertyp)
);

CREATE TABLE entitätstyp (
   name              ...  PRIMARY KEY,
   FOREIGN KEY (name)     REFERENCES objekttyp
);

CREATE TABLE beziehungstyp (
   name              ...  PRIMARY KEY,
   FOREIGN KEY   (name)   REFERENCES objekttyp,
   FOREIGN VALUE (name)   REFERENCES rolle (p_beziehungstyp)
);

CREATE TABLE besitzt (
   besitzer             ...  REFERENCES entitätstyp,
   name                 ...  ,
   schwacher_entitätstyp  ...  REFERENCES entitätstyp,
   UNIQUE (name, schwacher_entitätstyp)
);

CREATE TABLE attribut (
   attributsträger      ...  REFERENCES objekttyp,
   name                 ...  ,
   typ                  ...  ,
   UNIQUE (attributsträger, name));
```

Beispiel 5.7-16: Eine Abteilung bietet Lehrveranstaltungen an

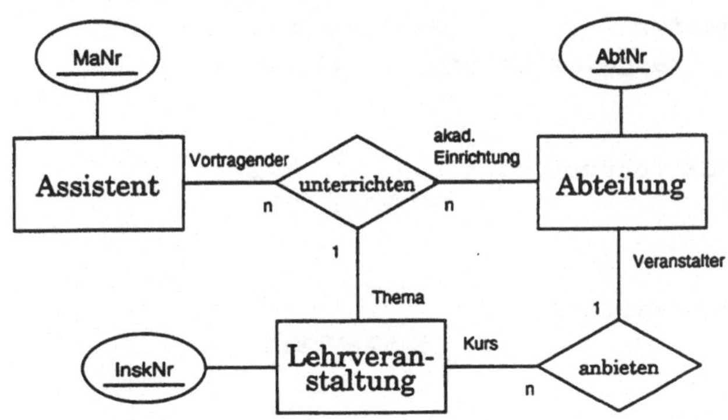

Relationales Schema:

	abteilung
Schlüssel:	*abtnr*
Attribute:	*abtnr*

	assistent
Schlüssel:	*manr*
Attribute:	*manr*

	lehrveranstaltung
Schlüssel:	*inskrnr*
Attribute:	*inskrnr*

	anbieten
Schlüssel:	*kurs*
Attribute:	*kurs, veranstalter*

	unterrichten
Schlüssel:	*akad_einrichtung* ∪ *vortragender*
Attribute:	*akad_einrichtung, thema, vortragender*

Inklusionsabhängigkeiten:

wert(akad_einrichtung,unterrichten) $\xrightarrow{inkl}$ *tupid(abteilung)*

wert(kurs,anbieten) $\xrightarrow{inkl}$ *tupid(lehrveranstaltung)*

wert(thema,unterrichten) $\xrightarrow{inkl}$ *tupid(lehrveranstaltung)*

wert(veranstalter,anbieten) $\xrightarrow{inkl}$ *tupid(abteilung)*

wert(vortragender,unterrichten) $\xrightarrow{inkl}$ *tupid(assistent)*

SQL-Tabellenerzeugungsanweisungen:

```
CREATE TABLE unterrichten (
   akad_einrichtung  ...  REFERENCES abteilung,
   thema             ...  REFERENCES lehrveranstaltung,
   vortragender      ...  REFERENCES assistent,
   UNIQUE (akad_einrichtung, vortragender)
);

CREATE TABLE lehrveranstaltung (
   inskrnr           ...  PRIMARY KEY
);

CREATE TABLE assistent (
   manr              ...  PRIMARY KEY
);

CREATE TABLE anbieten (
   kurs              ...  REFERENCES lehrveranstaltung,
   veranstalter      ...  REFERENCES abteilung,
   UNIQUE (kurs)
);

CREATE TABLE abteilung (
   abtnr             ...  PRIMARY KEY
);
```

Beispiel 5.7-17: Mitarbeiter, Projektleiter und Projekt

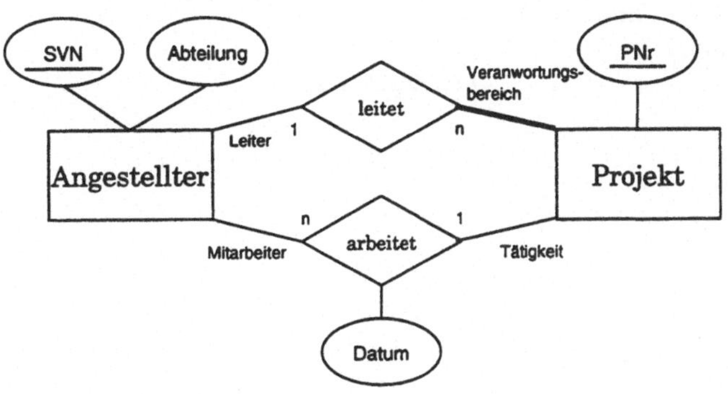

Relationales Schema:

	angestellter
Schlüssel:	*svn*
Attribute:	*abteilung, svn*

	projekt
Schlüssel:	*pnr*
Attribute:	*leitet-leiter, pnr*

	arbeitet
Schlüssel:	*mitarbeiter*
Attribute:	*datum, mitarbeiter, tätigkeit*

Inklusionsabhängigkeiten:

$wert(leitet\text{-}leiter, projekt) \xrightarrow{inkl} tupid(angestellter)$

$wert(mitarbeiter, arbeitet) \xrightarrow{inkl} tupid(angestellter)$

$wert(tätigkeit, arbeitet) \xrightarrow{inkl} tupid(projekt)$

SQL-Tabellenerzeugungsanweisungen:

```
CREATE TABLE projekt (
    pnr              ...    PRIMARY KEY,
    leitet-leiter    ...    REFERENCES angestellter);

CREATE TABLE arbeitet (
    datum            ...    ,
    mitarbeiter      ...    REFERENCES angestellter,
```

```
    tätigkeit        ...  REFERENCES projekt
    UNIQUE (mitarbeiter));

CREATE TABLE angestellter (
    abteilung        ...  ,
    svn              ...  PRIMARY KEY);
```

Beispiel 5.7-18: Produkte, Kunden und Verkäufer

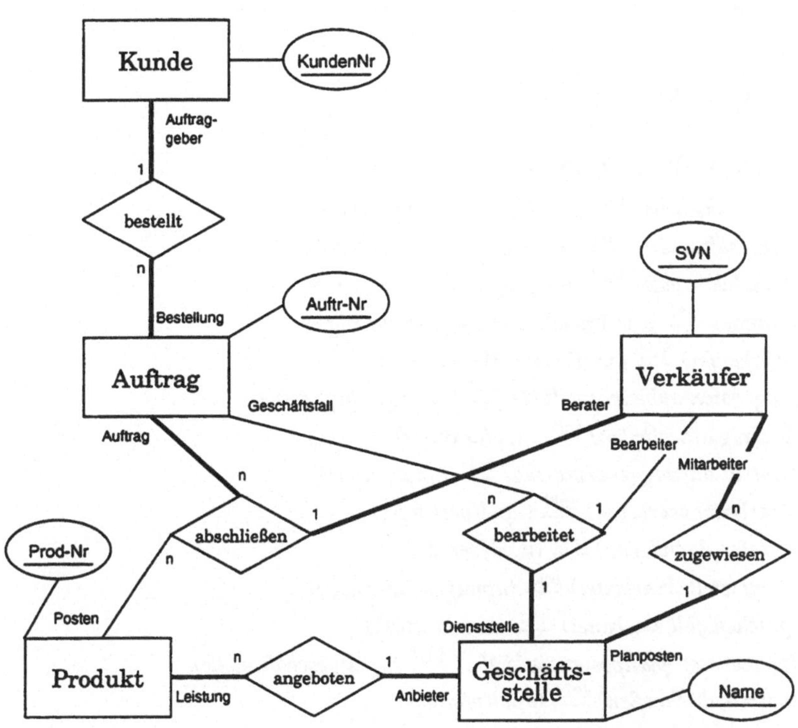

Relationales Schema:

	geschäftsstelle
Schlüssel:	*name*
Attribute:	*name*

	produkt
Schlüssel:	*prod_nr*
Attribute:	*angeboten-anbieter, prod_nr*

	kunde
Schlüssel:	*kunden_nr*
Attribute:	*kunden_nr*

	verkäufer
Schlüssel:	*svn*
Attribute:	*zugewiesen-planposten, svn*

	abschließen
Schlüssel:	*auftrag ∪ posten*
Attribute:	*auftrag, berater, posten*

	auftrag
Schlüssel:	*auftr_nr*
Attribute:	*auftr_nr, bestellt-auftraggeber*

	bearbeitet
Schlüssel:	*dienststelle* ∪ *geschäftsfall*
	bearbeiter ∪ *geschäftsfall*
Attribute:	*bearbeiter, dienststelle, geschäftsfall*

Inklusionsabhängigkeiten:

tupid(auftrag) $\xrightarrow{inkl}$ *wert(auftrag,abschließen)*

tupid(geschäftsstelle) $\xrightarrow{inkl}$ *wert(angeboten-anbieter,produkt)*

tupid(geschäftsstelle) $\xrightarrow{inkl}$ *wert(dienststelle,bearbeitet)*

tupid(geschäftsstelle) $\xrightarrow{inkl}$ *wert(zugewiesen-planposten,verkäufer)*

tupid(kunde) $\xrightarrow{inkl}$ *wert(bestellt-auftraggeber,auftrag)*

tupid(verkäufer) $\xrightarrow{inkl}$ *wert(berater,abschließen)*

wert(angeboten-anbieter,produkt) $\xrightarrow{inkl}$ *tupid(geschäftsstelle)*

wert(auftrag,abschließen) $\xrightarrow{inkl}$ *tupid(auftrag)*

wert(bestellt-auftraggeber,auftrag) $\xrightarrow{inkl}$ *tupid(kunde)*

wert(bearbeiter,bearbeitet) $\xrightarrow{inkl}$ *tupid(verkäufer)*

wert(berater,abschließen) $\xrightarrow{inkl}$ *tupid(verkäufer)*

wert(dienststelle,bearbeitet) $\xrightarrow{inkl}$ *tupid(geschäftsstelle)*

wert(geschäftsfall,bearbeitet) $\xrightarrow{inkl}$ *tupid(auftrag)*

wert(zugewiesen-planposten,verkäufer) $\xrightarrow{inkl}$ *tupid(geschäftsstelle)*

wert(posten,abschließen) $\xrightarrow{inkl}$ *tupid(produkt)*

SQL-Tabellenerzeugungsanweisungen:

```
CREATE TABLE verkäufer (
   svn                     ...   PRIMARY KEY,
   zugewiesen-planposten   ...   REFERENCES geschäftsstelle,
   FOREIGN VALUE (svn)
        REFERENCES abschließen (berater),
);

CREATE TABLE produkt (
   prod_nr                 ...   PRIMARY KEY,
   angeboten-anbieter      ...   REFERENCES geschäftsstelle,
);

CREATE TABLE kunde (
   kunden_nr               ...   PRIMARY KEY,
   FOREIGN VALUE (kunden_nr)
```

```
                    REFERENCES auftrag (bestellt-auftraggeber)
);

CREATE TABLE geschäftsstelle (
    name                    ...   PRIMARY KEY,
    FOREIGN VALUE (name)
            REFERENCES produkt (angeboten-anbieter),
    FOREIGN VALUE (name)
            REFERENCES bearbeitet (dienststelle),
    FOREIGN VALUE (name)
            REFERENCES verkäufer (zugewiesen-planposten)
);

CREATE TABLE bearbeitet (
    bearbeiter              ...   REFERENCES verkäufer,
    dienststelle            ...   REFERENCES geschäftsstelle,
    geschäftsfall           ...   REFERENCES auftrag,
    UNIQUE (dienststelle, geschäftsfall),
    UNIQUE (bearbeiter, geschäftsfall)
);

CREATE TABLE auftrag (
    auftr_nr                ...   PRIMARY KEY,
    bestellt-auftraggeber   ...   REFERENCES kunde,
    FOREIGN VALUE (auftr_nr)
            REFERENCES abschließen (auftrag)
);

CREATE TABLE abschließen (
    auftrag                 ...   REFERENCES auftrag,
    berater                 ...   REFERENCES verkäufer,
    posten                  ...   REFERENCES produkt,
    UNIQUE (auftrag, posten)
);
```

Beispiel 5.7-19: Angestellte, Abteilung und Projekte

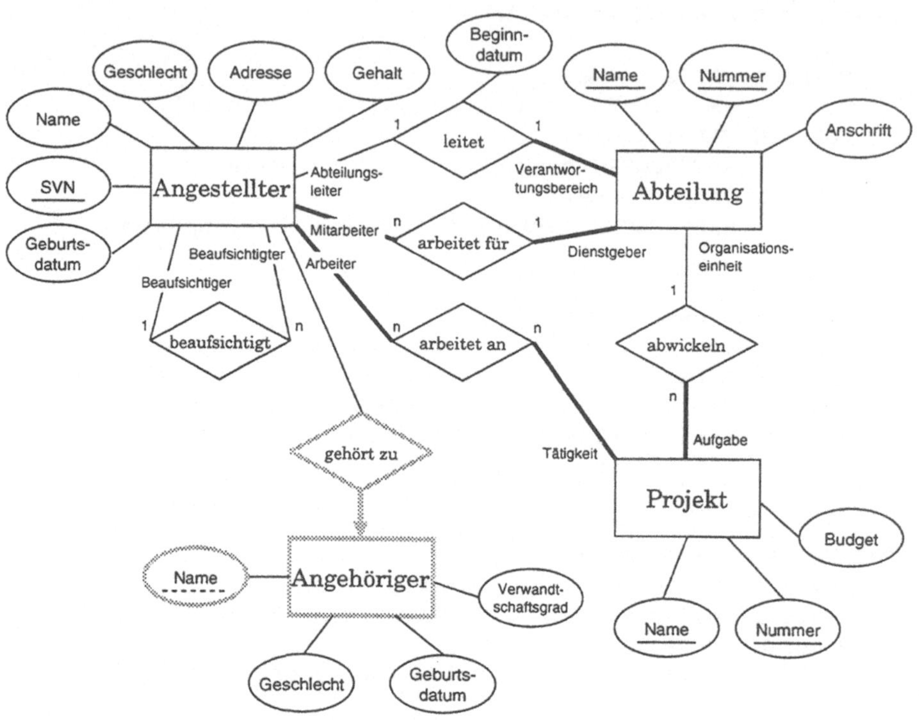

Relationales Schema:

	arbeitet_an
Schlüssel:	*arbeiter ∪ tätigkeit*
Attribute:	*arbeiter, tätigkeit*

	beaufsichtigt
Schlüssel:	*beaufsichtigter*
Attribute:	*beaufsichtiger, beaufsichtigter*

	projekt
Schlüssel:	*nummer*
	name
Attribute:	*budget, name, nummer, abwickeln-organisationseinheit*

	angestellter
Schlüssel:	*svn*
Attribute:	*adresse, arbeitet_für-dienstgeber, geburtsdatum, gehalt, geschlecht, name, svn*

	angehöriger
Schlüssel:	*name ∪ gehört_zu*
Attribute:	*geburtsdatum, geschlecht, name, verwandtschaftsgrad, gehört_zu*

	abteilung
Schlüssel:	*leitet-abteilungsleiter*
	nummer
	name
Attribute:	*anschrift, name, nummer, leitet-abteilungsleiter, leitet-beginndatum*

Inklusionsabhängigkeiten:

tupid(abteilung) $\xrightarrow{inkl}$ *wert(arbeitet_für-dienstgeber,angestellter)*

tupid(angestellter) $\xrightarrow{inkl}$ *wert(arbeiter,arbeitet_an)*

tupid(projekt) $\xrightarrow{inkl}$ *wert(tätigkeit,arbeitet_an)*

wert(leitet-abteilungsleiter,abteilung) $\xrightarrow{inkl}$ *tupid(angestellter)*

wert(arbeiter,arbeitet_an) $\xrightarrow{inkl}$ *tupid(angestellter)*

wert(beaufsichtiger,beaufsichtigt) $\xrightarrow{inkl}$ *tupid(angestellter)*

wert(beaufsichtigter,beaufsichtigt) $\xrightarrow{inkl}$ *tupid(angestellter)*

wert(arbeitet_für-dienstgeber,angestellter) $\xrightarrow{inkl}$ *tupid(abteilung)*

wert(gehört_zu,angehöriger) $\xrightarrow{inkl}$ *tupid(angestellter)*

wert(abwickeln-organisationseinheit,projekt) $\xrightarrow{inkl}$ *tupid(abteilung)*

wert(tätigkeit,arbeitet_an) $\xrightarrow{inkl}$ *tupid(projekt)*

SQL-Tabellenerzeugungsanweisungen:

```
CREATE TABLE projekt (
    budget                      ...  ,
    name                        ...  ,
    nummer                      ...  PRIMARY KEY,
    abwickeln-organisationseinheit
                                ...  REFERENCES abteilung,
    FOREIGN VALUE (nummer)
            REFERENCES arbeitet_an (tätigkeit),
    UNIQUE (name)
);


CREATE TABLE beaufsichtigt (
    beaufsichtiger              ...  REFERENCES angestellter,
    beaufsichtigter             ...  REFERENCES angestellter,
    UNIQUE (beaufsichtigter)
```

```
);

CREATE TABLE arbeitet_an (
   arbeiter                ...  REFERENCES angestellter,
   tätigkeit               ...  REFERENCES projekt,
   UNIQUE (arbeiter, tätigkeit)
);

CREATE TABLE angestellter (
   adresse                 ...  ,
   geburtsdatum            ...  ,
   gehalt                  ...  ,
   geschlecht              ...  ,
   name                    ...  ,
   svn                     ...  PRIMARY KEY,
   arbeitet_für-dienstgeber ...  REFERENCES abteilung,
   FOREIGN VALUE (svn)
           REFERENCES arbeitet_an (arbeiter),
);

CREATE TABLE angehöriger (
   geburtsdatum            ...  ,
   gehört_zu               ...  REFERENCES angestellter,
   geschlecht              ...  ,
   name                    ...  ,
   verwandtschaftsgrad     ...  ,
   UNIQUE (gehört_zu, name)
);

CREATE TABLE abteilung (
   anschrift               ...  ,
   name                    ...  ,
   nummer                  ...  ,
   leitet-abteilungsleiter ...  PRIMARY KEY,
   leitet-beginndatum      ...  ,
   UNIQUE (nummer)              ,
   UNIQUE (name)                ,
   FOREIGN VALUE (leitet-abteilungsleiter)
           REFERENCES angestellter (arbeitet_für-dienstgeber)
   FOREIGN KEY (leitet-abteilungsleiter)
       REFERENCES angestellter
);
```

Beispiel 5.7-20: Straße und Häuser

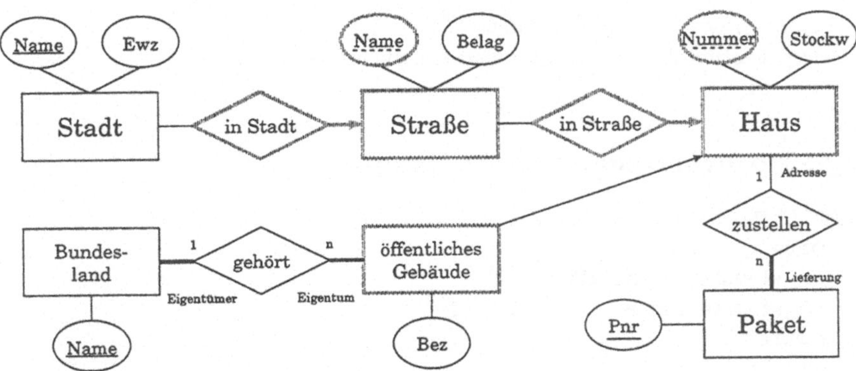

Relationales Schema:

	straße
Schlüssel:	*in_stadt ∪ name*
Attribute:	*belag, in_stadt, name*

	stadt
Schlüssel:	*name*
Attribute:	*ewz, name*

	paket
Schlüssel:	*pnr*
Attribute:	*pnr, zustellen-adresse*

	haus
Schlüssel:	*in_straße ∪ nummer*
Attribute:	*in_straße, nummer, stockw*

	bundesland
Schlüssel:	*name*
Attribute:	*name*

	öffentliches_gebäude
Schlüssel:	*in_straße ∪ nummer*
Attribute:	*bezeichnung, in_straße, nummer, stockw, gehört-eigentümer*

Inklusionsabhängigkeiten:

tupid(bundesland) $\xrightarrow{inkl}$ *wert(gehört-eigentümer,öffentliches_gebäude)*

wert(zustellen-adresse,paket) $\xrightarrow{inkl}$ *tupid(haus)*

wert(gehört-eigentümer,öffentliches_gebäude) $\xrightarrow{inkl}$ *tupid(bundesland)*

wert(in_stadt,straße) $\xrightarrow{inkl}$ *tupid(stadt)*

$$wert(in\_straße,haus) \xrightarrow{inkl} tupid(straße)$$

$$wert(in\_straße,öffentliches\_gebäude) \xrightarrow{inkl} tupid(straße)$$

$$wert(in\_straße,öffentliches\_gebäude) \cup wert(nummer,öffentliches\_gebäude)$$

$$\cup wert(stockw,öffentliches\_gebäude) \xrightarrow{inkl}$$

$$wert(in\_straße,haus) \cup wert(nummer,haus) \cup wert(stockw,haus)$$

SQL-Tabellenerzeugungsanweisungen:

```
CREATE TABLE öffentliches_gebäude (
    bezeichnung           ...   ,
    in_straße-in_stadt    ...   ,
    in_straße-name        ...   ,
    nummer                ...   ,
    stockw                ...   ,
    gehört-eigentümer     ...     REFERENCES bundesland,
    UNIQUE (in_straße-in_stadt, in_straße-name, nummer),
    FOREIGN KEY   (in_straße-in_stadt, in_straße-name)
            REFERENCES straße,
    FOREIGN VALUE (in_straße-in_stadt, in_straße-name,
                nummer, stockw)
            REFERENCES haus
                (in_straße-in_stadt, in_straße-name,
                nummer, stockw)
);

CREATE TABLE straße (
    belag                 ...   ,
    in_stadt              ...     REFERENCES stadt,
    name                  ...   ,
    PRIMARY KEY (in_stadt, name)
);

CREATE TABLE stadt (
    ewz                   ...   ,
    name                  ...     PRIMARY KEY
);

CREATE TABLE paket (
    pnr ...   ,
    zustellen-adresse-in_straße-in_stadt  ...   ,
    zustellen-adresse-in_straße-name  ...   ,
    zustellen-adresse-nummer  ...   ,
    UNIQUE (pnr),
    FOREIGN KEY
```

```
            (zustellen-adresse-in_straße-in_stadt,
            zustellen-adresse-in_straße-name,
            zustellen-adresse-nummer) REFERENCES haus
);

CREATE TABLE haus (
    in_straße-in_stadt   ...   ,
    in_straße-name       ...   ,
    nummer               ...   ,
    stockw               ...   ,
    PRIMARY  KEY (in_straße-in_stadt,  in_straße-name,  nummer)
    FOREIGN  KEY (in_straße-in_stadt,  in_straße-name)
            REFERENCES straße
);

CREATE TABLE bundesland (
    name                    ...   PRIMARY  KEY,
    FOREIGN VALUE (name)
            REFERENCES öffentliches_gebäude (gehört-eigentümer)
);
```

Beispiel 5.7-21: Personen an der Universität

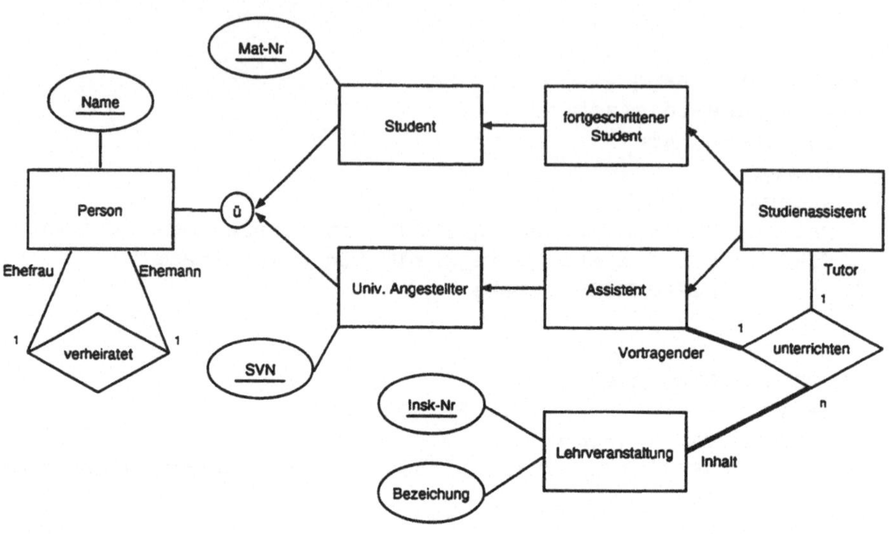

Relationales Schema:

	verheiratet
Schlüssel:	*ehemann*
	ehefrau
Attribute:	*ehefrau, ehemann*

	unterrichten
Schlüssel:	*inhalt ∪ vortragender*
	inhalt ∪ tutor
Attribute:	*inhalt, tutor, vortragender*

	univ_angestellter
Schlüssel:	*svn*
	name
Attribute:	*name, svn*

	studienassistent
Schlüssel:	*svn*
	name
	matnr
Attribute:	*matnr, name, svn*

	student
Schlüssel:	*name*
	matnr
Attribute:	*matnr, name*

	person
Schlüssel:	*name*
Attribute:	*name*

	lehrveranstaltung
Schlüssel:	*insknr*
Attribute:	*bezeichnung, insknr*

	fortgeschrittener_student
Schlüssel:	*name*
	matnr
Attribute:	*matnr, name*

	assistent
Schlüssel:	*svn*
	name
Attribute:	*name, svn*

Inklusionsabhängigkeiten:

tupid(assistent) $\xrightarrow{inkl}$ *wert(vortragender,unterrichten)*

tupid(lehrveranstaltung) $\xrightarrow{inkl}$ *wert(inhalt,unterrichten)*

wert(ehefrau,verheiratet) $\xrightarrow{inkl}$ *tupid(person)*

wert(ehemann,verheiratet) $\xrightarrow{inkl}$ *tupid(person)*

wert(inhalt,unterrichten) $\xrightarrow{inkl}$ *tupid(lehrveranstaltung)*

wert(matnr,fortgeschrittener_student) ∪ *wert(name,fortgeschrittener_student)* $\xrightarrow{inkl}$
    wert(matnr,student) ∪ *wert(name,student)*

wert(matnr,studienassistent) ∪ *wert(name,studienassistent)* $\xrightarrow{inkl}$
    wert(matnr,student) ∪ *wert(name,student)*

wert(name,assistent) ∪ *wert(svn,assistent)* $\xrightarrow{inkl}$
    wert(name,univ_angestellter) ∪ *wert(svn,univ_angestellter)*

wert(name,student) $\xrightarrow{inkl}$ *wert(name,person)*

wert(name,studienassistent) ∪ *wert(svn,studienassistent)* $\xrightarrow{inkl}$
    wert(name,assistent) ∪ *wert(svn,assistent)*

wert(name,univ_angestellter) $\xrightarrow{inkl}$ *wert(name,person)*

wert(tutor,unterrichten) $\xrightarrow{inkl}$ *tupid(studienassistent)*

wert(vortragender,unterrichten) $\xrightarrow{inkl}$ *tupid(assistent)*

SQL-Tabellenerzeugungsanweisungen:

```
CREATE TABLE verheiratet (
    ehefrau        ...   REFERENCES person,
    ehemann        ...   REFERENCES person,
    UNIQUE (ehemann),
    UNIQUE (ehefrau)
);


CREATE TABLE unterrichten (
    inhalt         ...   REFERENCES lehrveranstaltung,
    tutor          ...   REFERENCES studienassistent,
    vortragender   ...   REFERENCES assistent,
    UNIQUE (inhalt, vortragender),
```

```
    UNIQUE (inhalt, tutor)
);

CREATE TABLE univ_angestellter (
   name            ...  REFERENCES person,
   svn             ...  ,
   UNIQUE (svn),
   UNIQUE (name)
);

CREATE TABLE studienassistent (
   matnr           ...  ,
   name            ...  ,
   svn             ...  PRIMARY KEY,
   UNIQUE (name),
   UNIQUE (matnr),
   FOREIGN VALUE (matnr, name)
         REFERENCES student (matnr, name),
   FOREIGN VALUE (name, svn)
         REFERENCES assistent (name, svn)
);

CREATE TABLE student (
   matnr           ...  ,
   name            ...  REFERENCES person,
   UNIQUE (name),
   UNIQUE (matnr)
);

CREATE TABLE person (
   name            ...  PRIMARY KEY
);

CREATE TABLE lehrveranstaltung (
   bezeichnung   ...  ,
   insknr        ...    PRIMARY KEY,
   FOREIGN VALUE (insknr)
         REFERENCES unterrichten (inhalt),
);

CREATE TABLE fortgeschrittener_student (
   matnr           ...  ,
   name            ...  ,
   UNIQUE (name),
   UNIQUE (matnr),
```

```
    FOREIGN VALUE (matnr, name)
            REFERENCES student (matnr, name)
);

CREATE TABLE assistent (
    name              ...  ,
    svn               ...  PRIMARY KEY,
    UNIQUE (name),
    FOREIGN VALUE (svn)
            REFERENCES unterrichten (vortragender),
    FOREIGN VALUE (name, svn)
            REFERENCES univ_angestellter (name, svn)
);
```

5.7.1 Laufzeit der Ableitung von relationalen Schemata für die angeführten EER-Diagramme

Folgende Laufzeiten ergeben sich bei der Ableitung von relationalen Schemata für die Beispiel-EER-Modelle in diesem Abschnitt. Die angeführten Zeiten wurden auf zwei unterschiedlichen Systemen gemessen und sind jeweils in Sekunden angegeben. Die ermittelten Werte beziehen sich auf einen Tischrechner der Marke DECstation 5000/200 (Mips R3000 Prozessor mit einer Taktrate von 25MHz) mit dem Betriebssystem Ultrix 4.2 und einen Intel-80486DX-basierten Rechner mit einer Prozessortaktrate von 50 MHz unter dem Betriebssystem Linux 0.99. In beiden Fällen wurde SICStus-Prolog 2.1 eingesetzt. Aus der Abbildung 5.8 geht hervor, daß die Gesamtlaufzeit der Ableitung auf dem 80486DX-basierten Rechner für die angeführten Beispiele deutlich unter einer Sekunde beträgt. Das entwickelte System ist somit auch auf relativ billiger Hardware unproblematisch einsetzbar.

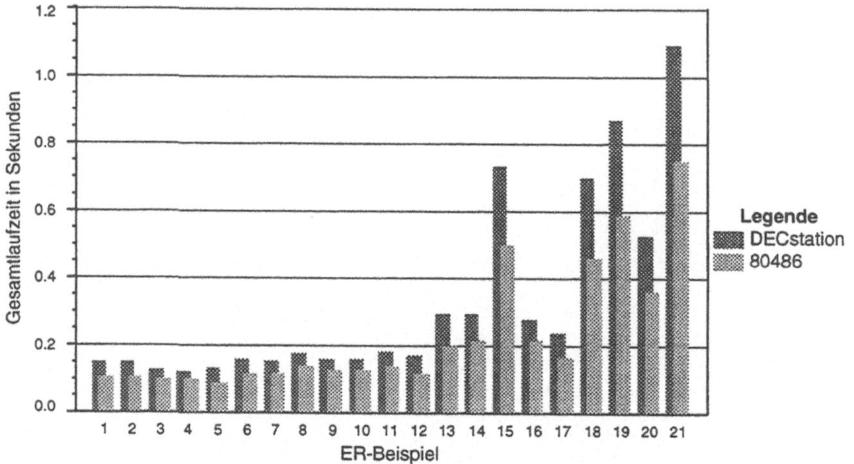

Abbildung 5.8: Gesamtlaufzeit für die Ableitung von relationalen Schemata für die angeführten ER-Beispiele

Die nachstehende Tabelle untersucht die Laufzeitergebnisse genauer. In der Tabelle geben die Werte vor dem Schrägstrich die auf DECstation gemessenen Werte wieder, die Werte nach dem Schrägstrich beziehen sich auf den 80486DX-Rechner. In der Tabelle werden getrennte Zeitmessungen für Teilbereiche der Abarbeitung angegeben. Die Werte in der Spalte *Ableitung* geben dabei die Dauer der Ableitung von konkreten funktionalen Abhängigkeiten und Inklusionsabhängigkeiten aus der abstrakten Spezifikation und der Eins-zu-eins-Abbildung an, die in der Spalte *Codierung* geben die Zeit der Umwandlung der Listen von Attributen in die Zahlendarstellung wieder, in der Spalte *Generierung* stehen die Zeiten für die Erzeugung des relationalen Schemas aus den konkreten Abhängigkeiten.

Aus den Werten aus Abbildung 5.9 kann man erkennen, daß für die angeführten Beispiele durchschnittlich ca. 13% der Laufzeit für die Ableitung von konkreten Abhängigkeiten aus abstrakten Abhängigkeiten aufgewendet wurden. Ca. 20% der Laufzeit wurden für die Codierung und die verbleibenden 67 % für die Generierung benötigt. Die Ableitung der Abhängigkeiten könnte mit Hilfe von Methoden wie z.B. der metainterpretergesteuerten Compilation von Logischen Programmen nach Prolog [Neu88] schätzungsweise um einen Faktor sieben schneller gemacht werden. Da allerdings die Laufzeit für die Ableitung nur einen relativ geringen Anteil an der Gesamtlaufzeit ausmacht, wurde von dieser weiteren Optimierung Abstand genommen.

Beispiel	Gesamtzeit	Ableitung	Codierung	Generierung
5.7-1	0.152/0.110	0.007/0.001	0.020/0.010	0.125/0.099
5.7-2	0.153/0.110	0.004/0.001	0.004/0.010	0.145/0.099
5.7-3	0.129/0.100	0.004/0.010	0.004/0.001	0.121/0.089
5.7-4	0.125/0.100	0.003/0.010	0.004/0.001	0.118/0.089
5.7-5	0.133/0.090	0.007/0.010	0.008/0.010	0.118/0.070
5.7-6	0.164/0.120	0.007/0.010	0.012/0.010	0.145/0.100
5.7-7	0.156/0.140	0.008/0.010	0.008/0.010	0.140/0.100
5.7-8	0.180/0.140	0.011/0.010	0.024/0.020	0.145/0.110
5.7-9	0.164/0.130	0.007/0.010	0.008/0.010	0.149/0.110
5.7-10	0.164/0.130	0.012/0.010	0.019/0.010	0.133/0.110
5.7-11	0.184/0.130	0.019/0.020	0.028/0.010	0.137/0.110
5.7-12	0.172/0.120	0.012/0.010	0.019/0.010	0.141/0.100
5.7-13	0.297/0.200	0.039/0.030	0.063/0.030	0.195/0.140
5.7-14	0.297/0.220	0.035/0.020	0.078/0.050	0.184/0.150
5.7-15	0.735/0.500	0.144/0.100	0.196/0.110	0.395/0.290
5.7-16	0.281/0.220	0.039/0.030	0.047/0.030	0.195/0.160
5.7-17	0.239/0.170	0.027/0.020	0.032/0.020	0.180/0.130
5.7-18	0.699/0.460	0.082/0.060	0.117/0.080	0.500/0.320
5.7-19	0.871/0.590	0.148/0.100	0.270/0.160	0.453/0.330
5.7-20	0.527/0.360	0.086/0.060	0.113/0.070	0.328/0.230
5.7-21	1.094/0.750	0.176/0.120	0.359/0.220	0.559/0.410
Summe	6.764/4.770	0.870/0.651	1.413/0.872	4.481/3.247
Prozent		12.9%/13.6%	20.9%/18.3%	66.2%/68.1%

Abbildung 5.9: Laufzeiten für die Erzeugung von relationalen Schemata aus EER-Diagrammen

5.8 Beispiele für Abbildungen von NIAM-Modellen in relationale Schemata

In diesem Abschnitt werden exemplarisch Ergebnisse der automatischen Abbildung von NIAM-Modellen in relationale Schemata gezeigt und mit anderen Resultaten aus der Literatur verglichen. Obwohl eine Vielzahl von Arbeiten zur NIAM-Methode publiziert wurden (wenngleich auch weit weniger als zur ER-Methode, siehe beispielsweise [NH89, LN88, VvB82, HS86, Cre89]), finden sich in der Literatur nur relativ wenige Beispiele für die Abbildung von NIAM-Diagrammen in relationale Modelle. Die wichtigste Arbeit hierzu ist [NH89].

In Beispiel 5.8-1 wird ein Objekttyp mit unterschiedlichen Bezeichnertypen verbunden, wobei jeweils die einschränkenden Nebenbedingungen variiert werden. Für die beiden letzten Fälle, in denen der Objekttyp *Student* den jeweiligen Bezeichnertyp nicht bestimmt, werden aus den eigenständigen Satztypen eigene Tabellen.

In Beispiel 5.8-2 wird ein etwas größeres Anwendungsmodell gezeigt, für das in Abbildung 5.10 die durch die Verkürzungsregel zusammengezogenen Konzepte graphisch hervorgehoben werden.

Die Aufgabenstellung in Beispiel 5.8-3 (Modellierung eines Informationssystems über Programmierprojekte in unterschiedlichen Firmen) erfolgt in Anlehnung an [NH89], wobei für den modellierten Ausschnitt die Ergebnisse gleich sind. In der skizzierten Musterlösung von [NH89] treten ebenfalls zyklische Inklusionsabhängigkeiten auf. In diesem Beispiel wird erstmals ein eingebetteter Satztyp (*Projekt von*) behandelt. In Beispiel 5.8-4 (ebenfalls nach [NH89]) wird ein Sportbewerb mit Medaillenvergabe modelliert. Dabei treten eine Satz-Untermengenbedingung und ein Brückentyp zu einem eingebetteten Satztyp auf. Das Beispiel 5.8-5 zeigt schließlich noch die Behandlung von Rollen-Untermengenbedingungen anhand des Beispiels einer Stipendienvergabe.

Beispiel 5.8-1: Student und Merkmale

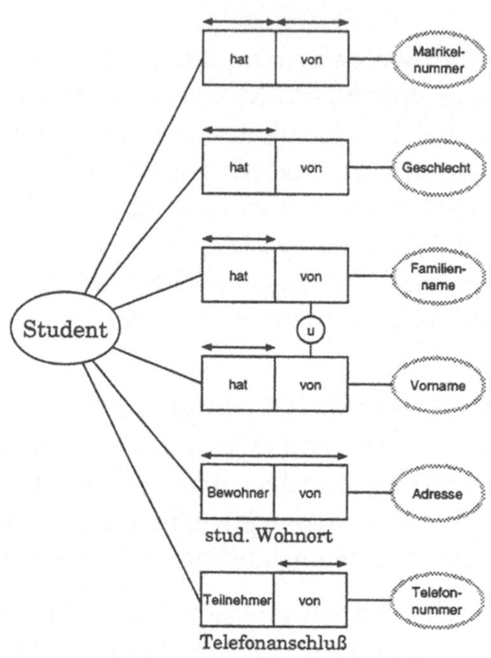

Relationales Schema:

	stud_wohnort		**telefonanschluß**
Schlüssel:	*adresse ∪ bewohner*	Schlüssel:	*telefonnummer*
Attribute:	*adresse, bewohner*	Attribute:	*teilnehmer, telefonnummer*

	student
Schlüssel:	*familienname ∪ vorname*
	matrikelnummer
Attribute:	*familienname, geschlecht, matrikelnummer, vorname*

Inklusionsabhängigkeit:

wert(bewohner,stud_wohnort) $\xrightarrow{inkl}$ *tupid(student)*

wert(teilnehmer,telefonanschluß) $\xrightarrow{inkl}$ *tupid(student)*

SQL-Tabellenerzeugungsanweisungen:

```
CREATE TABLE telefonanschluß (
   teilnehmer      ...  REFERENCES student,
   telefonnummer   ...  ,
   UNIQUE (telefonnummer)
);

CREATE TABLE student (
   familienname    ...  ,
   geschlecht      ...  ,
   matrikelnummer  ...  PRIMARY KEY,
   vorname         ...  ,
   UNIQUE (familienname, vorname)
);

CREATE TABLE stud_wohnort (
   adresse         ...  ,
   bewohner        ...  REFERENCES student,
   UNIQUE (adresse, bewohner)
);
```

Beispiel 5.8-2: Student und Lehrveranstaltung

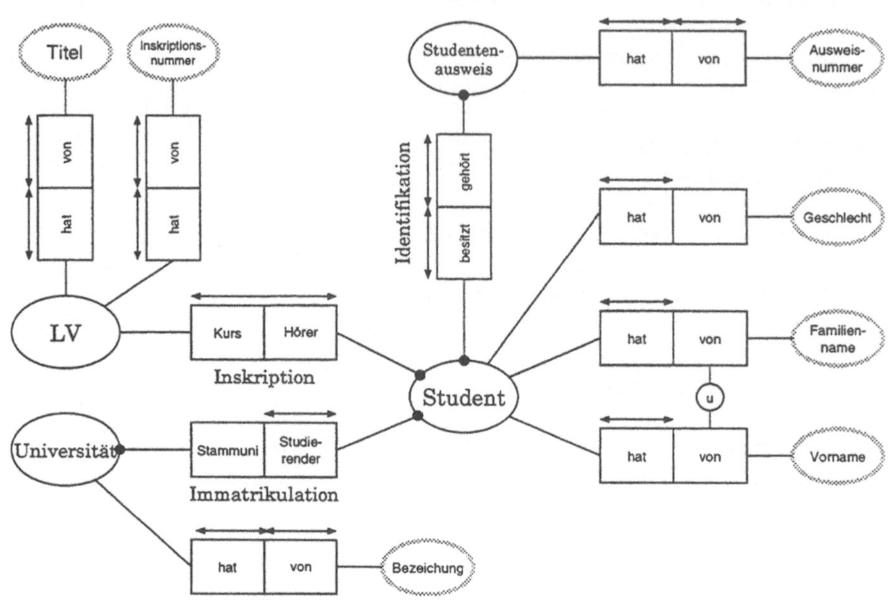

Relationales Schema:

	universität
Schlüssel:	*bezeichnung*
Attribute:	*bezeichnung*

	inskription
Schlüssel:	*hörer ∪ kurs*
Attribute:	*hörer, kurs*

	lv
Schlüssel:	*titel*
	inskriptionsnummer
Attribute:	*inskriptionsnummer, titel*

	studentenausweis
Schlüssel:	*student-familienname ∪ student-vorname*
	ausweisnummer
Attribute:	*ausweisnummer, immatrikulation-stammuni, student-familienname,*
	student-geschlecht, student-vorname

Inklusionsabhängigkeiten:

tupid(universität) $\xrightarrow{inkl}$ *wert(immatrikulation-stammuni,studentenausweis)*

wert(hörer,inskription) $\xrightarrow{inkl}$ *tupid(studentenausweis)*

wert(immatrikulation-stammuni,studentenausweis) $\xrightarrow{inkl}$ *tupid(universität)*

wert(kurs,inskription) $\xrightarrow{inkl}$ *tupid(lv)*

SQL-Tabellenerzeugungsanweisungen:

```
CREATE TABLE studentenausweis (
    ausweisnummer                 ...  PRIMARY KEY,
    immatrikulation-stammuni ...      REFERENCES universität,
    student-familienname     ...  ,
    student-geschlecht       ...  ,
    student-vorname          ...  ,
    UNIQUE (student-familienname, student-vorname)
);

CREATE TABLE universität (
    bezeichnung                   ...  PRIMARY KEY
     REFERENCES studentenausweis (immatrikulation-stammuni)
);

CREATE TABLE lv (
    inskriptionsnummer       ...  ,
    titel                    ...  PRIMARY KEY,
    UNIQUE (inskriptionsnummer)
);

CREATE TABLE inskription (
    hörer                         ...  REFERENCES studentenausweis,
    kurs                          ...  REFERENCES lv,
    UNIQUE (hörer, kurs)
);
```

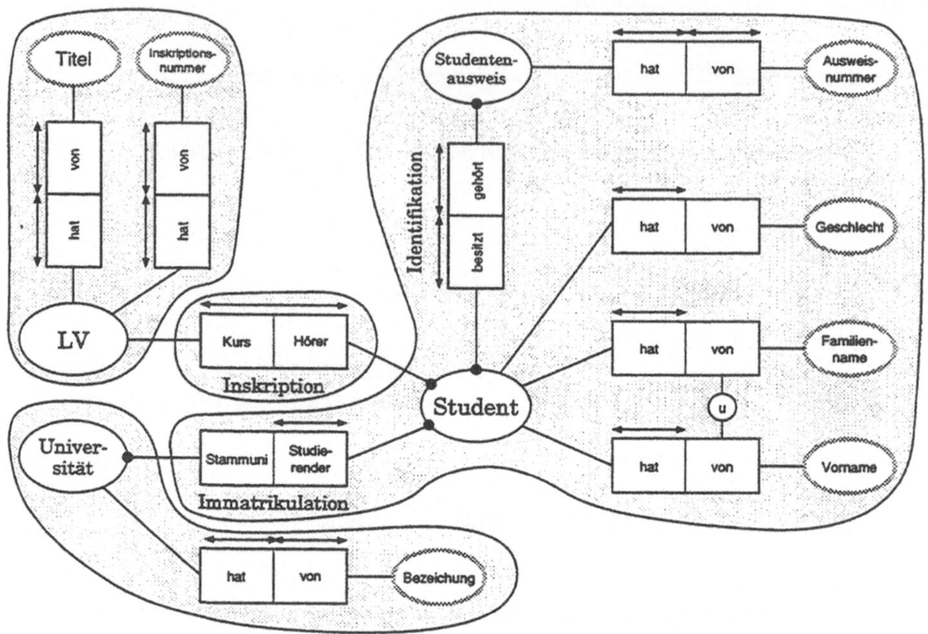

Abbildung 5.10: Tabellenstruktur für Beispiel 5.8-2

Beispiel 5.8-3: Programmierbüros und Software-Produkte

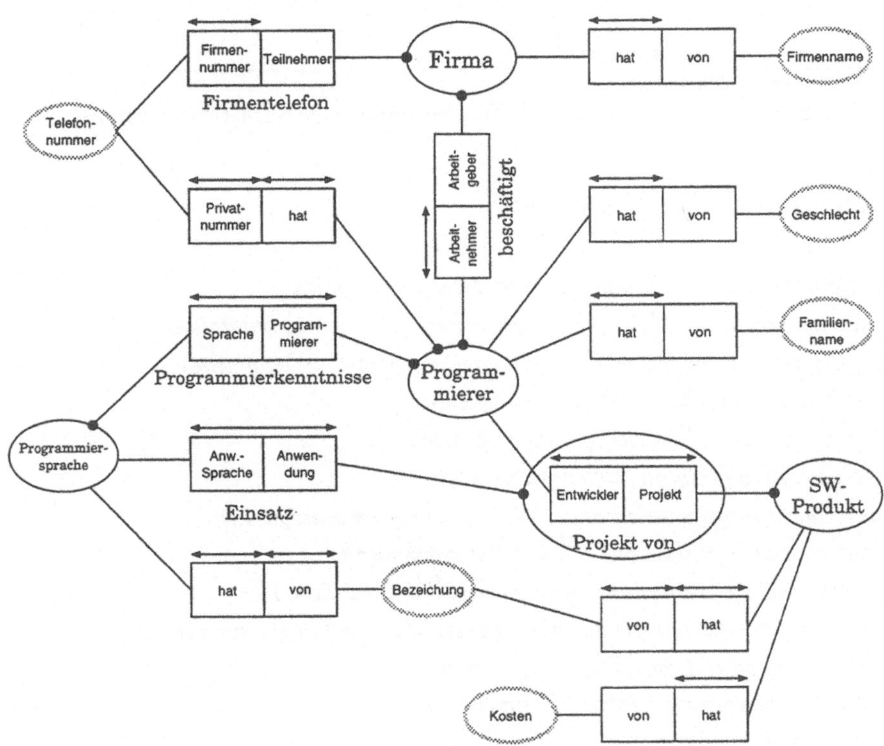

Relationales Schema:

	sw_produkt
Schlüssel:	*bezeichnung*
Attribute:	*bezeichnung, kosten*

	projekt_von
Schlüssel:	*entwickler ∪ projekt*
Attribute:	*entwickler, projekt*

	programmiersprache
Schlüssel:	*bezeichnung*
Attribute:	*bezeichnung*

	programmierkenntnisse
Schlüssel:	*programmierer ∪ sprache*
Attribute:	*programmierer, sprache*

	firma
Schlüssel:	*firmenname*
Attribute:	*firmenname*

	firmentelefon
Schlüssel:	*telephonnummer*
Attribute:	*teilnehmer, telephonnummer*

	einsatz
Schlüssel:	*anwendung* ∪ *anwendungssprache*
Attribute:	*anwendung, anwendungssprache*

	programmierer
Schlüssel:	*telephonnummer*
Attribute:	*familienname, geschlecht, telephonnummer, beschäftigt-arbeitgeber*

Inklusionsabhängigkeiten:

tupid(firma) $\xrightarrow{inkl}$ *wert(beschäftigt-arbeitgeber,programmierer)*

tupid(programmierer) $\xrightarrow{inkl}$ *wert(programmierer,programmierkenntnisse)*

tupid(programmiersprache) $\xrightarrow{inkl}$ *wert(sprache,programmierkenntnisse)*

tupid(projekt_von) $\xrightarrow{inkl}$ *wert(anwendung,einsatz)*

tupid(sw_produkt) $\xrightarrow{inkl}$ *wert(projekt,projekt_von)*

wert(anwendung,einsatz) $\xrightarrow{inkl}$ *tupid(projekt_von)*

wert(anwendungssprache,einsatz) $\xrightarrow{inkl}$ *tupid(programmiersprache)*

wert(entwickler,projekt_von) $\xrightarrow{inkl}$ *tupid(programmierer)*

wert(beschäftigt-arbeitgeber,programmierer) $\xrightarrow{inkl}$ *tupid(firma)*

wert(programmierer,programmierkenntnisse) $\xrightarrow{inkl}$ *tupid(programmierer)*

wert(projekt,projekt_von) $\xrightarrow{inkl}$ *tupid(sw_produkt)*

wert(teilnehmer,firmentelefon) $\xrightarrow{inkl}$ *tupid(firma)*

wert(sprache,programmierkenntnisse) $\xrightarrow{inkl}$ *tupid(programmiersprache)*

SQL-Tabellenerzeugungsanweisungen:

```
CREATE TABLE sw_produkt (
   bezeichnung           ...   PRIMARY KEY,
   kosten                ...,
   FOREIGN VALUE (bezeichnung)
         REFERENCES projekt_von (projekt)
);


CREATE TABLE projekt_von (
   entwickler            ...   REFERENCES programmierer,
   projekt               ...   REFERENCES sw_produkt,
   PRIMARY KEY  (entwickler, projekt)
   FOREIGN VALUE (entwickler, projekt)
         REFERENCES einsatz
                (anwendung-entwickler,
```

```
                    anwendung-projekt)
);

CREATE TABLE programmiersprache (
   bezeichnung            ...   PRIMARY KEY,
   FOREIGN VALUE (bezeichnung)
          REFERENCES programmierkenntnisse (sprache)
);

CREATE TABLE programmierkenntnisse (
   programmierer          ...   REFERENCES programmierer,
   sprache                ...   REFERENCES programmiersprache,
   UNIQUE (programmierer, sprache)
);

CREATE TABLE programmierer (
   familienname           ...   ,
   geschlecht             ...   ,
   telephonnummer         ...   PRIMARY KEY,
   beschäftigt-arbeitgeber ... REFERENCES firma,
   FOREIGN VALUE (telefonnummer)
          REFERENCES programmierkenntnisse (programmierer)
);

CREATE TABLE firmentelefon (
   teilnehmer             ...   REFERENCES firma,
   telephonnummer         ...   ,
   UNIQUE (telephonnummer)
);

CREATE TABLE firma (
   firmenname             ...   PRIMARY KEY,
   FOREIGN VALUE (firmenname)
          REFERENCES programmierer (beschäftigt-arbeitgeber)
);

CREATE TABLE einsatz (
   anwendung-entwickler ...   ,
   anwendung-projekt      ...   ,
   anwendungssprache      ...   REFERENCES programmiersprache,
   UNIQUE
     (anwendung-entwickler,
      anwendung-projekt,
      anwendungssprache),
   FOREIGN KEY
```

```
    (anwendung-entwickler,
     anwendung-projekt)     REFERENCES projekt_von
);
```

Beispiel 5.8-4: Sportbewerb mit Medaillenvergabe

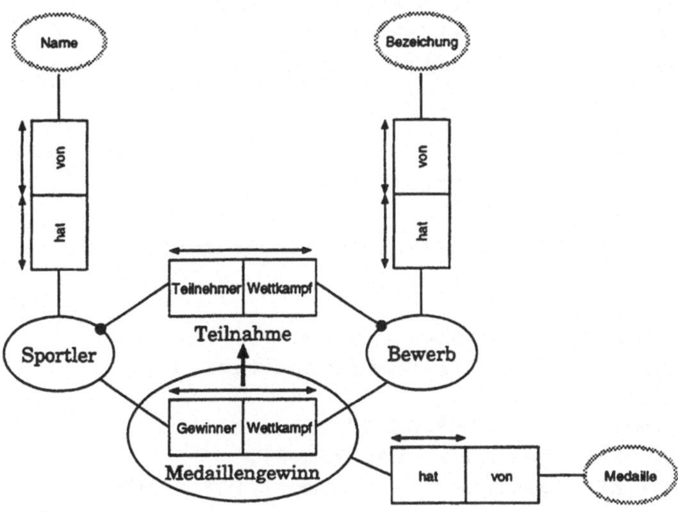

Relationales Schema:

	teilnahme
Schlüssel:	*teilnehmer* ∪ *wettkampf*
Attribute:	*teilnehmer, wettkampf*

	sportler
Schlüssel:	*name*
Attribute:	*name*

	bewerb
Schlüssel:	*bezeichnung*
Attribute:	*bezeichnung*

	medaillengewinn
Schlüssel:	*gewinner* ∪ *wettkampf*
Attribute:	*gewinner, medaille, wettkampf*

Inklusionsabhängigkeiten:

$tupid(bewerb) \xrightarrow{inkl} wert(wettkampf,teilnahme)$

$tupid(medaillengewinn) \xrightarrow{inkl} tupid(teilnahme)$

$tupid(sportler) \xrightarrow{inkl} wert(teilnehmer,teilnahme)$

$wert(gewinner,medaillengewinn) \xrightarrow{inkl} tupid(sportler)$

$wert(teilnehmer,teilnahme) \xrightarrow{inkl} tupid(sportler)$

$wert(wettkampf,medaillengewinn) \xrightarrow{inkl} tupid(bewerb)$

$wert(wettkampf,teilnahme) \xrightarrow{inkl} tupid(bewerb)$

SQL-Tabellenerzeugungsanweisungen:

```
CREATE TABLE teilnahme (
    teilnehmer   ...  REFERENCES sportler,
    wettkampf    ...  REFERENCES bewerb,
    PRIMARY KEY (teilnehmer, wettkampf)
);

CREATE TABLE sportler (
    name         ...  PRIMARY KEY,
    FOREIGN VALUE (name)
           REFERENCES teilnahme (teilnehmer)
);

CREATE TABLE medaillengewinn (
    gewinner     ...  REFERENCES sportler,
    medaille     ...  ,
    wettkampf    ...  REFERENCES bewerb,
    PRIMARY KEY (gewinner, wettkampf),
    FOREIGN KEY (gewinner, wettkampf) REFERENCES teilnahme
);

CREATE TABLE bewerb (
    bezeichnung  ...  PRIMARY KEY,
    FOREIGN VALUE (bezeichnung)
           REFERENCES teilnahme (wettkampf)
);
```

Beispiel 5.8-5: Personen und Stipendien

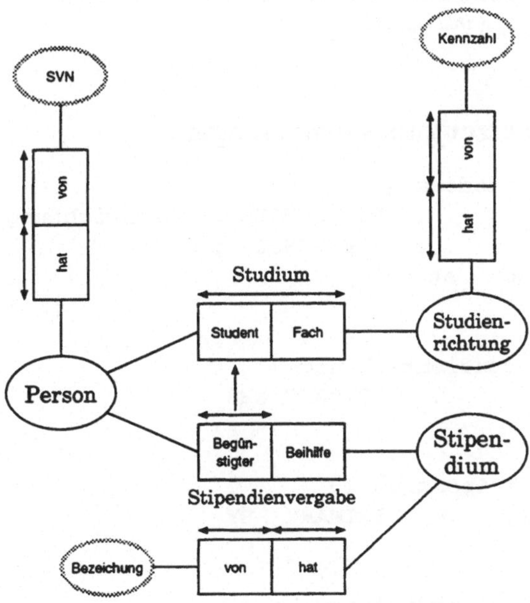

Relationales Schema:

	studium
Schlüssel:	*fach ∪ student*
Attribute:	*fach, student*

	studienrichtung
Schlüssel:	*kennzahl*
Attribute:	*kennzahl*

	stipendium
Schlüssel:	*bezeichnung*
Attribute:	*bezeichnung*

	stipendienvergabe
Schlüssel:	*begünstigter ∪ beihilfe*
Attribute:	*begünstigter, beihilfe*

	person
Schlüssel:	*svn*
Attribute:	*svn*

Inklusionsabhängigkeiten:

wert(begünstigter,stipendienvergabe) $\xrightarrow{inkl}$ *tupid(person) wert(beihilfe,stipendienvergabe)* $\xrightarrow{inkl}$ *tupid(stipendium)*

wert(fach,studium) $\xrightarrow{inkl}$ *tupid(studienrichtung)*

wert(begünstigter,stipendienvergabe) $\xrightarrow{inkl}$ *wert(student,studium)*

wert(student,studium) $\xrightarrow{inkl}$ *tupid(person)*

SQL-Tabellenerzeugungsanweisungen:

```
CREATE TABLE studium (
   fach            ... REFERENCES studienrichtung,
   student         ... REFERENCES person,
   UNIQUE (fach, student)
);

CREATE TABLE studienrichtung (
   kennzahl        ... PRIMARY KEY
);

CREATE TABLE stipendium (
   bezeichnung     ... PRIMARY KEY
);

CREATE TABLE stipendienvergabe (
   begünstigter   ... REFERENCES person,
   beihilfe        ... REFERENCES stipendium,
   UNIQUE (begünstigter, beihilfe),
   FOREIGN VALUE (begünstigter)
         REFERENCES studium (student)
);

CREATE TABLE person (
   svn             ... PRIMARY KEY
);
```

5.8.1 Laufzeit der Ableitung von relationalen Schemata für die angeführten NIAM-Diagramme

Folgende Laufzeiten ergeben sich bei der Ableitung von relationalen Schemata für die Beispiel-NIAM-Modelle in diesem Abschnitt. Wie bei den Laufzeitergebnissen in Abschnitt 5.7.1 werden die Zeiten in Sekunden angegeben.

Die Abbildung 5.11 zeigt, daß für diese Beispiele die Gesamtlaufzeit auf den getesteten Rechnern deutlich unter einer Sekunde betrug. Die gemessenen Laufzeiten beziehen sich auf einen Arbeitsplatzrechner der Marke DECstation 5000/200 mit einem Mips R3000 Prozessor mit 25 MHz unter dem Betriebssystem Ultrix 4.2 und einen Intel-80486DX-basierten Rechner mit einer Prozessortaktrate von 50 MHz unter dem Betriebssystem Linux 0.99, jeweils unter der Verwendung von SICStus-Prolog 2.1.

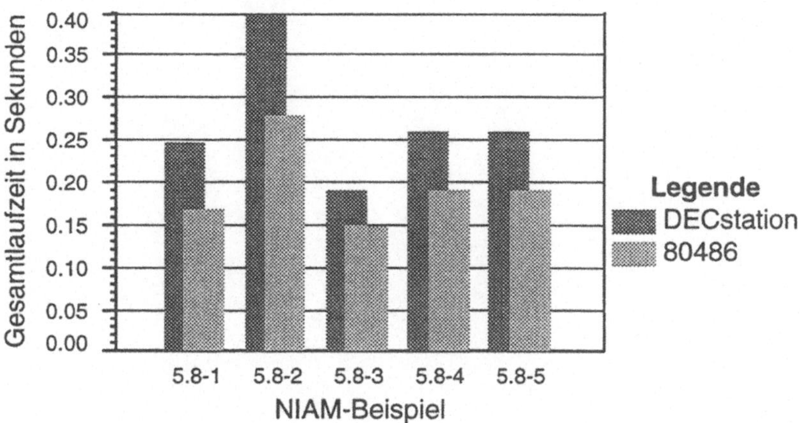

Abbildung 5.11: Gesamtlaufzeit für die Ableitung von relationalen Schemata für die angeführten NIAM-Beispiele

Die nachfolgende Tabelle zeigt die Ergebnisse in größerem Detail. Es werden getrennte Laufzeiten für die Ableitung, Codierung und Generierung ausgewiesen. Die Werte vor dem Schrägstrich stammen von der DECstation, die Werte danach vom Linux-Rechner.

Beispiel	Gesamtzeit	Ableitung	Codierung	Generierung
5.8-1	0.246/0.170	0.027/0.020	0.039/0.020	0.180/0.130
5.8-2	0.398/0.280	0.035/0.030	0.058/0.030	0.305/0.220
5.8-3	0.192/0.150	0.015/0.010	0.020/0.020	0.157/0.120
5.8-4	0.261/0.189	0.031/0.019	0.031/0.020	0.199/0.150
5.8-5	0.261/0.189	0.031/0.020	0.035/0.020	0.195/0.149
Summe	1.358/0.978	0.139/0.099	0.183/0.110	1.036/0.769
Prozent		10.2%/10.1%	13.5%/11.2%	76.3%/78.7%

Aus der Zeile mit den Prozentwerten ist ersichtlich, daß der
laufzeitmäßige Anteil für die Ableitung und Codierung sehr gering
ist (etwa 10 Prozent), und daß die meiste Zeit bei Generierung der
relationalen Schemata aufgewendet wird.

Kapitel 6

Vergleich von konzeptionellen Modellen

Die abgeleiteten konkreten Abhängigkeiten können auch als Basis für den Vergleich von konzeptionellen Modellen eingesetzt werden. Da zu diesem Vergleich nur die konkreten Abhängigkeiten und keine weitere strukturelle Information des Anwendungsmodells in Betracht gezogen werden, können auch konzeptionelle Modelle in unterschiedlichen Modellierungssprachen gegenübergestellt werden. In der Folge werden als Vergleichsoperationen die Äquivalenz und der Einschluß von konzeptionellen Modellen untersucht.

6.1 Attributäquivalenz

Um zwei Modelle vergleichen zu können, müssen die in Betracht gezogenen Attribute äquivalent sein (vgl. [JNS83]). Die Attributäquivalenz verlangt, daß sowohl die Attributnamen in den verglichenen Modellen gleich sind, als auch die Wertebereiche für die gleichnamigen Attribute gleich sind. Es dürfen somit in den verglichenen Modellen keine unterschiedlichen Ausprägungen mit dem gleichen Attributnamen bezeichnet werden, ebenso darf die gleiche Ausprägungsmenge in unterschiedlichen Modellen nicht mit unterschiedlichen Namen bezeichnet werden.

Ist die Attributäquivalenz verletzt, so muß diese in einem ersten Schritt durch eine Abbildungsfunktion hergestellt werden, um weitergehende Äquivalenzprüfungen durchführen zu können. Die Erreichung der Attributäquivalenz ist eine zentrale Aufgabe für die Schema-Integration, wird aber hier nicht weiter behandelt und im weiteren vorausgesetzt.[1]

6.2 Abhängigkeitseinschluß

Ist für die zu vergleichenden konzeptionellen Modelle die Attributäquivalenz gegeben, kann ein Abhängigkeitsvergleich zwischen diesen Modellen durchgeführt werden. Dabei kann entweder ein Abhängigkeitseinschluß oder die Abhängigkeitsäquivalenz festgestellt werden.

Der Abhängigkeitseinschluß ist wie folgt definiert: Gegeben sind zwei konzeptionelle Modelle $(K_i, F_i + I_i)$ und $(K_j, F_j + I_j)$. K_i ist in K_j eingeschlossen, wenn jede von $F_i + I_i$ implizierte Abhängigkeit auch aus $F_j + I_j$ abgeleitet werden kann:

$$K_i \leq K_j : \quad \forall X_i, Y_i : (F_i + I_i \models X_i \Rightarrow Y_i) \rightarrow (F_j + I_j \models X_i \Rightarrow Y_i) \wedge$$
$$\forall U_i, V_i : (F_i + I_i \models U_i \xrightarrow{inkl} V_i) \rightarrow (F_j + I_j \models U_i \xrightarrow{inkl} V_i)$$

Betrachten wir als Beispiel die ER-Modelle E_0 und E_1 in den Abbildungen 6.1 und 6.2. Alle konkreten Abhängigkeiten des ER-Diagramms von Abbildung 6.1 werden auch vom ER-Diagramm in Abbildung 6.2 impliziert, nicht aber umgekehrt. Folglich handelt es sich hierbei um einen Abhängigkeitseinschluß der Form $E_0 \leq E_1$.

Das ER-Diagramm E_0 kann als früher Entwurf im Modellierungsprozeß betrachtet werden, in dem ein ER-Diagramm schrittweise verfeinert wird. Beim Verfeinerungsprozeß werden sowohl zusätzliche Attribute eingeführt, als auch zwischen existierenden

---

[1]Eine gute Klassifikation von Attributäquivalenzen findet sich in [LNE89].

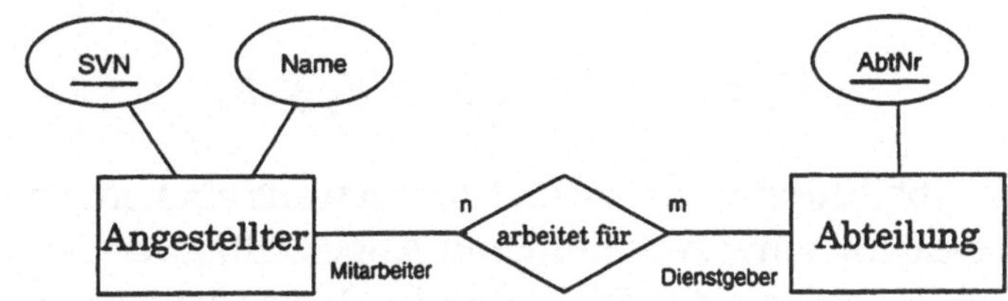

Abbildung 6.1: E_0, Entwurf eines ER-Diagramms

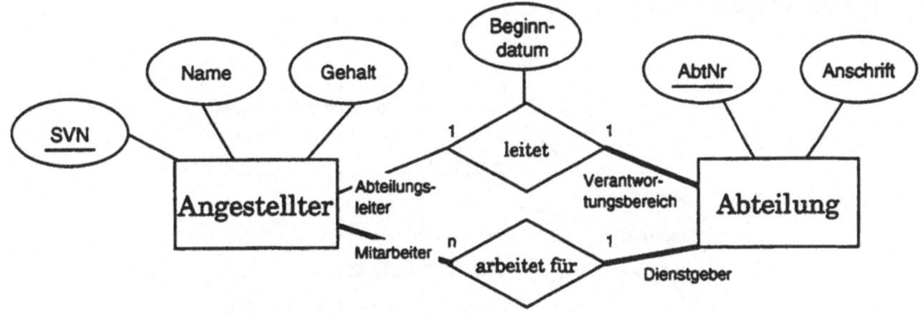

Abbildung 6.2: E_1, Verfeinertes ER-Diagramm

Konstrukten zusätzliche Einschränkungen aufgenommen. Im ER-Modell E_0 wurden beispielsweise die Partizipationen für den Beziehungstyp auf vollständig gesetzt, als auch das Kardinalitätsverhältnis auf $1 : n$ restringiert. Im Modell E_0 fehlen gegenüber E_1 somit Inklusionsabhängigkeiten und funktionale Abhängigkeiten.

Im gezeigten Beispiel wurden zwei unterschiedliche ER-Diagramme verglichen. Nach dem in dieser Arbeit vorgestellten Ansatz können auf gleiche Weise auch Modelle in unterschiedlichen Modellierungssprachen verglichen werden. Ein Beispiel hierzu folgt bei der Behandlung der Abhängigkeitsäquivalenz.

6.3 Abhängigkeitsäquivalenz

Zwei konzeptionelle Modelle $(K_i, F_i + I_i)$ und $(K_j, F_j + I_j)$ sind abhängigkeitsäquivalent, wenn K_i in K_j und K_j in K_i eingeschlossen ist:

$$K_i \equiv K_j: \quad K_i \leq K_j \wedge K_j \leq K_i$$

In den Abbildungen 6.2 und 6.3 wird jeweils ein konzeptionelles Datenmodell von einer Abteilung mit Angestellten wiedergegeben. Im Modell E_1 wurde die ER-Methode als Modellierungssprache gewählt, im Modell N_1 wurde der Anwendungsbereich mit NIAM modelliert. Es stellt sich die Frage, ob die Modelle E_1 und N_1 abhängigkeitsäquivalent sind.

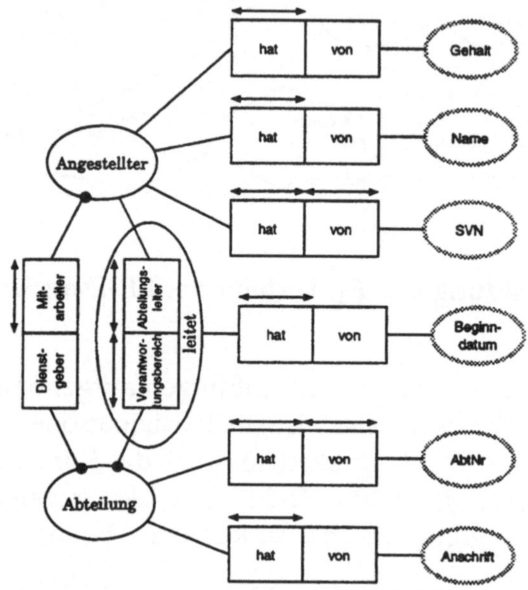

Abbildung 6.3: NIAM-Modell N_1: Angestellter in Abteilung

Die beiden verglichenen Modelle werden wiederum als attributäquivalent angenommen, es kann somit ein Abhängigkeitsvergleich durchgeführt werden. Von beiden Modellen werden die gleichen konkreten Inklusionsabhängigkeiten abgeleitet. Bei den abgeleiteten funktionalen Abhängigkeiten treten Unterschiede auf (auf die nachstehend eingegangen wird), da bei Beziehungstypen im ER-Modell identifizierende Rollen immer die jeweils anderen Rollen bestimmen (vgl. abstrakte Abhängigkeit (E-4) auf Seite 61) und bei NIAM-Modellen die identifizierende Rolle den Satztyp bestimmt (vgl. abstrakte Abhängigkeit (N-3) auf Seite 78). Dieser Unterschied wird bei den vom Objekttyp *leitet* abgeleiteten Abhängigkeiten sichtbar.

Ausschnitt der vom ER-Modell E_1 in Abbildung 6.2 implizierten funktionalen Abhängigkeiten:

$$tupid(leitet) \Rightarrow wert(abteilungsleiter,leitet)$$
$$tupid(leitet) \Rightarrow wert(beginndatum,leitet)$$
$$tupid(leitet) \Rightarrow wert(verantwortungsbereich,leitet)$$
$$wert(abteilungsleiter,leitet) \Rightarrow wert(verantwortungsbereich,leitet)$$
$$wert(verantwortungsbereich,leitet) \Rightarrow wert(abteilungsleiter,leitet)$$

Ausschnitt der vom NIAM-Modell N_1 in Abbildung 6.3 implizierten funktionalen Abhängigkeiten:

$$tupid(leitet) \Rightarrow wert(abteilungsleiter,leitet)$$
$$tupid(leitet) \Rightarrow wert(beginndatum,leitet)$$
$$tupid(leitet) \Rightarrow wert(verantwortungsbereich,leitet)$$
$$wert(abteilungsleiter,leitet) \Rightarrow tupid(leitet)$$
$$wert(verantwortungsbereich,leitet) \Rightarrow tupid(leitet)$$

Die Äquivalenz der funktionalen Abhängigkeiten läßt sich leicht über die Armstrong-Axiome (Transitivität) zeigen, die beiden Modelle somit sind abhängigkeitsäquivalent ($E_1 \equiv N_1$). Für die beiden Beispielmodelle ergibt sich auch die gleiche Übersetzung in Tabellenerzeugungsanweisungen:

```
CREATE TABLE angestellter (
    gehalt                  ...   ,
    name                    ...   ,
    svn                     ...   PRIMARY KEY,
    arbeitet_für-dienstgeber ...  REFERENCES abteilung,
);

CREATE TABLE abteilung (
    abt_nr                  ...   ,
    anschrift               ...   ,
    leitet-abteilungsleiter ...   PRIMARY KEY,
    leitet-beginndatum      ...   ,
    UNIQUE (abt_nr),
    FOREIGN VALUE (leitet-abteilungsleiter)
          REFERENCES angestellter (arbeitet_für-dienstgeber),
```

```
    FOREIGN KEY (leitet-abteilungsleiter)
            REFERENCES angestellter
);
```

Jajodija behandelt in [JNS83] die Äquivalenz von ER-Modellen. Markowitz und Shoshani zeigen in [MS92] ein Beispiel, für das die Modelläquivalenz von Jajodija [JNS83] unzureichend ist. In diesem Beispiel werden zwei semantisch ungleiche ER-Modelle als äquivalent ausgewiesen. Markowitz und Shoshani definieren die Semantik von EER-Modellen über funktionale Abhängigkeiten, Inklusionsabhängigkeiten und Nullwert-Bedingungen, wobei die Semantik der EER-Konstrukte allerdings nicht parametrisiert ist (keine abstrakten Abhängigkeiten) und ein Vergleich zwischen mehreren Methoden nicht unterstützt wird. Für das erwähnte Beispiel wird durch den hier vorgestellten Ansatz korrekt die Ungleichheit ausgewiesen.

Literaturverzeichnis

[Ans89]   American National Standard for Information Systems: „Database Language – SQL with Integrity Enhancement", American National Standards Institute, New York, 1989.

[Arm74]   W.W. Armstrong: „Dependency Structures of Database Relationships", Proceedings of the 1974 IFIP Congress, North Holland, Amsterdam 1974.

[Bar89]   R. Barker, „Case*Method, Entity Relationship Modelling", Addison-Wesley, Wokingham 1989.

[BB76]   P.A. Bernstein, C. Beeri: „An Algorithmic Approach to Normalization of Relational Database Schemas", Technical Report CSRG-73, University of Toronto, September 1976.

[BB79]   C. Beeri, P.A. Bernstein: „Computational Problems Related to the Design of Normal Form Relational Schemas", ACM Transactions on Database Systems, 4:1, March 1979.

[BB*88]   S. Bergamaschi, F. Bonfatti, L. Cavazza, C. Sartori, P. Tiberio: „Relational Data Base Design for the Intensional Aspects of a Knowledge Base", Information Systems, Vol. 13, No. 3, pp. 245–256, 1988.

[BCN92]   C. Battini, S. Ceri, S.B. Navathe: „Conceptual Database Design: An Entity Relationship Approach", Benjamin/Cummings, Redwood City 1992.

[CG86]   S. Ceri, G. Gottlob: „Normalization of Relations and Prolog", CACM, 29:6, June 1986.

[CGT90]   S. Ceri, G. Gottlob, L. Tanca: „Logic Programming and Databases", Springer-Verlag, Berlin 1990.

[Che76]   P.P. Chen: „The Entity-Relationship Model – Toward a Unified View of Data", ACM Transactions on Database Systems, 1:1, March 1976.

[Che92]   W.C. Cheng: „Tgif 2.12 - A Xlib based drawing facility under X11", available via anonymous ftp from export.lcs.mit.edu, November 1992.

[CKV90]   S.S. Cosmadakis, P.C. Kanellakis, M.Y. Vardi: „Polynomial-Time Implication Problems for Unary Inclusion Dependencies", JACM, Vol. 37, No. 1, January 1990, pp. 15-46.

[CFP84]   M.A. Casanova, R. Fagin, H. Papadimitriou: „Inclusion Dependencies and their Interaction with Functional Dependencies", Journal of Computer Systems Science, Vol. 28, No. 1, February 1984.

[Cod70]   E.F. Codd: „A Relational Model for Large Shared Data Banks", CACM 13:6, pp. 377–387, June 1970.

[Cod79]   E.F. Codd: „Extending the Database Relational Model to Capture More Meaning", ACM Transactions on Database Systems, 4:4, December 1979.

[Cod90]   E.F. Codd: „The Relational Model for Database Management", Version 2, Addison-Wesley, Reading 1990.

[Cre89]   P. Creasy: „ENIAM: A More Complete Conceptual Schema Language", Proceedings of the Fifteenth International Conference on Very Large Databases, Amsterdam 1989.

[CV85]   A.K. Chandra, M.Y. Vardi: „*The Implication Problem for Functional and Inclusion Dependencies is Undecidable*", SIAM Journal of Computing, Vol. 14, No. 3, August 1985.

[CW92]   M. Carlsson, J. Widén: „*SICStus Prolog User Manual*", Swedish Institute of Computer Science, T91:11B, Kista, August 1992.

[Dat87]   C.J. Date: „*A Guide to the SQL Standard*", Addison-Wesley, Reading, 1987.

[DD92]   C.J. Date, H. Darwen: „*Relational Database Writings 1989–1991*", Addison-Wesley, Reading 1992.

[DF92]   C.J. Date, R. Fagin: „*Simple Conditions for Guaranteeing Higher Normal Forms in Relational Databases*", ACM Transactions on Database Systems, 17:3, September 1992.

[DM88]   J. Diederich, R. Milton: „*New Methods and Fast Algorithms for Database Normalization*", ACM Transactions on Database Systems, 13:3, September 1988.

[DW90]   C.J. Date, A. Warden: „*Relational Database Writings 1985–1989*", Addison-Wesley, Reading 1990.

[DZ88]   P.W. Dart, J. Zobel: „*Conceptual Schemas Applied to Deductive Database Systems*", Information Systems, Vol. 13, No. 3, pp. 273–287, 1988.

[EN89]   R. Elmasri, S.B. Navathe: „*Fundamentals of Database Systems*", Benjamin/Cummings, Redwood City 1989.

[EWH85]   R. Elmasri, J. Weeldreyer, A. Hevner: „*The Category Concept: An Extension to the Entity-Relationship Model*", International Journal on Data and Knowledge Engineering, 1:1, May 1985.

[GF88]   T. Gilb, S. Finzi: „*Principles of Software Engineering Management*", Addison-Wesley, Reading 1988.

[Gro74]   E. Grochla: *„Integrierte Gesamtmodelle in der Datenverarbeitung – Entwicklung und Anwendungs des Kölner Integrationsmodells"*, Oldenburg, München – Wien 1974.

[GV89]   G. Gardarin, P. Valduriez: *„Relational Databases and Knowledge Bases"*, Addison-Wesley, Reading 1989.

[HMN93]   H.R. Hansen, R. Mühlbacher, G. Neumann: *„Begriffsbasierte Integration von Systemanalysemethoden"*, Physica-Verlag, Heidelberg 1993.

[HS86]   M.Z. Hanani, P. Shoval: *„A Combined Methodology for Information Systems Analysis and Design based in ISAC and NIAM"*, Information Systems, Vol. 11, No. 3, pp. 245–253, 1986

[Hei91]   E. Heinen: *„Industriebetriebslehre"*, 9. Auflage, Gabler, Wiesbaden 1991.

[JNS83]   S. Jajodia, P.A. Ng, F.N. Springsteel: *„The Problem of Equivalence for Entity-Relationship Diagrams"*, IEEE Transactions of Software Engineering, SE-9, 5, September 1983.

[NT89]   Naqvi S., Tsur S.: *„A Logical Language for Data and Knowledge Bases"*, Computer Science Press, New York 1989.

[KN92a]   N. Kehrer, G. Neumann: *„Treating Enhanced Entity Relationship Models in a Declarative Style"*, in: A. Voronkov (ed.), *„Logic Programming – First Russian Conference on Logic Programming, Irkutsk, Russia, September 1990 – Second Russian Conference on Logic Programming, St. Petersburg, Russia, September 1991 – Proceedings"*, Lecture Notes in Artificial Intelligence, Springer-Verlag: Berlin 1992, pp. 263–270.

[KN92b]   N. Kehrer, G. Neumann: *„An EER Prototyping Environment and its Implementation in a Datalog Language"*, Proceedings of 11th International Conference on the Entity-Relationship Approach, in: Lecture Notes in Computer Science 645, Springer-Verlag, Berlin 1992.

[Lee83] R.M. Lee: *„Application Software and Organizatorial Change: Issues in the Representation of Knowledge"*, Information Systems, Vol. 8, No. 3, 1983.

[Lel88] C. Lell: *„A Framework for Relational Database Design Algorithms in Prolog"*, Diplomarbeit, Universität Wien, März 1988.

[Lie81] Y.E. Lien: *„Hierarchical Schemata for Relational Databases"*, JACM, 6:1, March 1981.

[LN88] C.M.R. Leung, G.M. Nijssen: *„Relational Database Design Using the NIAM Conceptual Model"*, Information Systems, Vol. 13, No. 2, pp. 219-227, 1988.

[LNE89] J.A. Larson, S.B. Navathe, R. Elmasri: *„A Theory of Attribute Equivalence in Databases with Application to Schema Integration"*, IEEE Transactions of Software Engineering, Vol. 15, No. 4, April 1989.

[Mai83] D. Maier: *„The Theory of Relational Databases"*, Computer Science Press, Rockville 1983.

[Mar90] J. Martin: *„Information Engineering – Book 2, Planning and Analysis"*, Prentice Hall, Englewood Cliffs 1990.

[Mer91] P. Mertens: *„Integrierte Informationsverarbeitung 1"*, 8. Auflage, Gabler, Wiesbaden 1991.

[Mit83a] J.C. Mitchell: *„The Implication Problem for Functional and Inclusion Dependencies"*, Information and Control 56, 1983, pp. 154–173.

[Mit83b] J.C. Mitchell: *„Inference Rules for Functional and Inclusion Dependencies"*, Proceedings of the 2nd ACM Symposium on Principles of Database Systems, Atlanta 1983.

[MR92]   H. Mannila, K.-J. Räihä: *„The Design of Relational Databases"*, Addison-Wesley, Wokingham 1992.

[McC79]   W.E. McCarthy: *„An Entity-Relationship View of Accounting Models"*, The Accounting Review, Vol. LIV, No. 4, October 1979.

[McC82]   W.E. McCarthy: *„The REA Accounting Model: A Generalized Framework for Accounting Systems in a Shared Data Environment"*, The Accounting Review, Vol. LVII, No. 3, July 1982.

[MS89]   V.M. Markowitz, A. Shoshani: *„On the Correctness of Representing Extended Entity-Relationship Structures in the Relational Model"*, in: J. Clifford, B. Lindsay, D. Maier (eds.): *„Proceedings of the 1989 ACM SIGMOD International Conference on the Management of Data"*, ACM, New York 1989.

[MS92]   V.M. Markowitz, A. Shoshani: *„Representing Extended Entity-Relationship Structures in Relational Databases"*, ACM Transactions on Database Systems, 17:3, September 1992.

[Neu88]   G. Neumann, *„Metaprogrammierung und Prolog"*, Addison-Wesley, Bonn 1988.

[Neu90]   G. Neumann, *„Transforming Interpreters into Compilers by Goal Classification"*, in: *„Proceedings of the Meta90, Second Workshop on Meta-programming in Logic"*, Eds. M. Bruynooghe, K.U. Leuven 1990.

[NH89]   G.M. Nijssen, T.A. Halpin: *„Conceptual Schema and Relational Database Design"*, Prentice Hall, Sydney 1989.

[ÖBH91]   H. Österle, W. Brenner, K. Hilbers: *„Unternehmensführung und Informationssystem – Der Ansatz des St. Galler Informationssystem-Managements"*, Teubner, Stuttgart 1991.

[Pön88]   R. Pöninghaus: _„Der Nutzen von Informations- und Kommunikationssystemen an Forschungs- und Lehrarbeitsplätzen"_, Diplomarbeit, Wirtschaftsuniversität Wien, September 1988.

[PR91]   A. Picot, R. Reichwald: _„Informationswirtschaft"_, in: [Hei91].

[PS89]   C. Parent, S. Spaccapietra: _„About Entities, Complex Objects, and Object Oriented Data Models"_, in: E.D. Falkenberg, P. Lindgreen: _„Information Systems Concepts: An In-Depth Analysis"_, North-Holland, Amsterdam 1989.

[PW80]   F.C.N. Pereira, D.H.D. Warren: _„Definite Clause Grammars for Language Analysis — A Survey of the Formalism and a Comparison with Augmented Transition Networks"_, Artificial Intelligence, Vol. 13, Nr. 3, pp. 231-278, May 1980.

[R*91]   J. Rumbaugh, M. Blaha, W. Premerlani, F. Eddy, W. Lorensen: _„Object-Oriented Modeling and Design"_, Prentice Hall, Englewood Cliffs, 1991.

[SAH87]   M. Stonebraker, J. Anton, E. Hanson: _„Extending a Database System with Procedures"_, ACM Transactions on Database Systems, 12:3, September 1987.

[Sas87]   P.G. Sassone: _„Cost-Benefit Methodology for Office Systems"_ ACM Transactions on Office Systems, 5:3, July 1987.

[Sch90]   A.W. Scheer: _„EDV-orientierte Betriebswirtschaftslehre"_, 4. Auflage, Springer-Verlag, Heidelberg 1990.

[SR86]   M. Stonebraker, L. Rowe: _„The Design of Postgres"_, in: ACM SIGMOD, Washington, June 1986.

[SS77]   J. Smith, D. Smith: _„Database Abstractions: Aggregation and Generalization"_, ACM Transactions on Database Systems, 2:2, June 1977.

[Sta89]   P. Stahlknecht: „Einführung in die Wirtschaftsinformatik", 4. Auflage, Springer-Verlag, Berlin 1989.

[Tan91]   T. Tanaka: „Definite Clause Set Grammars: A Formalism for Problem Solving", The Journal of Logic Programming, Vol. 10, January 1991.

[Teo90]   T.J. Teorey: „Database Modeling and Design: The Entity-Relationship Approach", Morgan Kaufmann, San Mateo 1990.

[Tha92]   B. Thalheim: „Fundamentals of Cardinality Constraints" Proceedings of 11th International Conference on the Entity-Relationship Approach, in: Lecture Notes in Computer Science 645, Springer-Verlag, Berlin 1992.

[TYF86]   T.J. Teorey, D. Yang, J.P. Fry: „A Logical Design Methodology for Relational Databases Using the Extended Entity-Relationship Model", ACM Computing Surveys 18, 2, June 1986.

[Ull88]   J.D. Ullman: „Principles of Database and Knowledgebase Systems", Volume 1, Computer Science Press, Rockville 1988.

[Vos87]   G. Vossen: „Datenmodelle, Datenbanksprachen und Datenbank-Management-Systeme", Addison-Wesley, Bonn 1987.

[VRT82]   G. Vinek, P.F. Rennert, A. M. Tjoa: „Datenmodellierung", Physica-Verlag, Würzburg 1982.

[VvB82]   G.M.A. Verheijen, J. van Bekkum: „NIAM: An Information Analysis Method", in: T.W. Olle, H.G. Sol., A.A. Verrijn-Stuart, (Hrsg): „Information System Design Methodologies: A Comparative Review", North-Holland, Amsterdam 1982.

[WI92]   P. Mertens, D. Ehrenberg, J. Griese, L.J. Heinrich, K. Kurbel, P. Stahlknecht: *„Studien und Forschungsführer Wirtschaftsinformatik"*, Springer-Verlag, Berlin 1992.

[WMSW90]   A. Walker, M. McCord, J.F. Sowa, W.G. Wilson: *„Knowledge Systems and Prolog"*, Addison-Wesley, Reading, 2nd Edition, Massachusetts 1990.

Index

Q

Quantifikation 54
Quantifikationsteil 55–57, 76, 99

R

R3000 180, 197
REA 9
Realitätsausschnitt 7, 15, 39
redundant 29, 61
redundanzfrei 29, 31
reduzierte Abhängigkeiten 29, 31
REFERENCES 115–119, 121
referentielle Integrität 16, 20, 28, 98
Referenz 39, 40, 55, 108, 112, 114, 117, 122, 124, 128, 133
Referenzierung 28, 103
Reflexivität 23, 25
Relation 13, 15, 30
relationales Schema 131, 134–136, 142–152, 154, 156, 158, 160, 163, 165, 167, 170, 173, 176, 184, 186, 189, 193, 195
Relationsschema 15–18, 26, 28–32, 47, 51, 70, 92, 100, 105, 106, 109, 112, 114, 116, 121–123, 130, 135, 137–139
Repräsentation 3, 8, 32–34, 38, 41, 43, 44, 46, 51, 52, 55, 56, 70, 71, 98–100, 110, 114, 115, 118
RM/T 39, 112

Rolle 14, 15, 17, 37, 39, 47, 48, 50, 53, 57–60, 62–64, 70–74, 76–79, 81–83, 87, 124, 133, 136, 138, 139, 202
Rollen-Untermenge 87
Rollen-Untermengenbedingung 73, 74, 87, 88, 183
Rollenattribut 80
Rollenausprägung 63, 64, 74, 84, 87
Rollenbeteiligung 114
Rollenbezeichnung 70, 71
Rollenkante 48, 57, 72
Rollenname 47

S

sachlogisch 7, 8, 14
SAP 3, 7
Sassone 2
Satz-Untermenge 86
Satz-Untermengenbedingung 73, 86, 87, 183
Satzrolle 82–84
Satztyp 69–74, 76, 78–83, 86, 87, 110, 127, 183, 202
Scheer 1, 2, 6
Schema-Information 47, 52, 55, 70, 92, 99, 100
Schema-Integration 200
Schlüssel 16, 17, 19, 20, 28, 30–32, 39, 109, 111–114, 117–119, 121–127, 131, 134–136, 138, 139, 141–152, 154, 156, 158, 160, 161, 163, 165, 167, 168, 170, 171, 173, 176,